Designstudium Deutschland 2023
Der Beitrag zum Public Value

Design Education in Germany 2023
Contribution to Public Value

Herausgegeben von // Edited by
Christoph Böninger, Annette Diefenthaler
Fritz Frenkler, René Spitz / iF Design Foundation

Mit Beiträgen von // Contributions by
Timo Meynhardt

avedition

INHALT
CONTENT

DEUTSCH

ENGLISH

Diese Veröffentlichung folgt den gegenwärtigen Regeln der deutschen Rechtschreibung: Funktionsbezeichnungen im generischen Plural (z. B. »die Designer«) formulieren keine Aussage über das biologische Geschlecht oder eine subjektiv empfundene Zuordnung der Menschen.

DEUTSCH

FOR ENGLISH
SEE PAGE 68

UM DIE ZUKUNFT DES DESIGNS AUFS GEMEINWOHL ZU FOKUSSIEREN, SPIELT DIE AUS-BILDUNG EINE ENTSCHEIDENDE ROLLE.

WARUM DIESE UNTERSUCHUNG?
VORWORT DES VORSTANDS

Als gemeinnützige Bildungsstiftung ist die iF Design Foundation dem Gemeinwohl verpflichtet. Damit sich Design im Sinne des Gemeinwohls weiterentwickelt, wurde die vorliegende wissenschaftliche Studie zum Public Value des Designstudiums 2022 initiiert.

Der Begriff Public Value ist nicht selbsterklärend. Auf den ersten Blick könnte man meinen, er sei gleichbedeutend mit Gemeinwohl. Dieser Begriff und das zugrunde liegende Konzept sind seit dem Ende des Zweiten Weltkriegs tief in der staatlichen Organisation der deutschen Gesellschaft verankert: Grundsätzlich sind alle öffentlichen Einrichtungen, die daraus hervorgehenden Bestimmungen und ihre Angehörigen bzw. Repräsentanten auf das Gemeinwohl ausgerichtet. In der Formel »Eigentum verpflichtet« ist unausgesprochen das Ziel dieser Verpflichtung enthalten – Eigentum verpflichtet gegenüber der Allgemeinheit.

Design befindet sich in einem Spannungsfeld, das von zwei Polen bestimmt wird: dem Wohl der Allgemeinheit und dem Handeln der Einzelnen. Heute erscheint es dringlicher denn je, im Design die Aufmerksamkeit stärker auf das Gemeinwohl zu richten. Die Konsequenzen eines Designs, das sich vorwiegend nach dem Wohl Einzelner richtet, sind allgegenwärtig. In der Summe lassen sie sich als die dominierenden Themen aktueller Krisen beschreiben: Veränderung des Klimas, Raubbau an der Natur, Vernichtung der Artenvielfalt, Infragestellung der freiheitlichen, rechtsstaatlichen Demokratie sowie Zurückweisung rationaler Wissenschaften, regelgeleiteter Abläufe und evidenzbasierter Entscheidungen. Design als fundamentaler Bestandteil jeglicher Prozesse des Wirtschaftens und Kommunizierens ist am Zustandekommen all dieser Krisen beteiligt. Zugleich birgt Design das Potenzial zum konstruktiven Umgang mit den Situationen – eben wenn sich Design aufs Gemeinwohl konzentriert.

Das Konzept Public Value übersetzt die Selbstverpflichtung gegenüber dem Gemeinwohl ins Handeln. Denn die Frage drängt sich auf: Was ist konkret zu tun, wenn die eigene Praxis dem Gemeinwohl dienen soll? Timo Meynhardts Instrument der Public Value Scorecard eröffnet hierfür einen pragmatischen Ansatz, damit die Rede vom Gemeinwohl nicht als folgenlose Sonntagsrede verpufft.

Um die Zukunft des Designs aufs Gemeinwohl auszurichten, spielt die heutige Bildung bzw. Ausbildung – meist das Studium – eine entscheidende Rolle. Für uns als Bildungsstiftung mit dem Schwerpunkt Designausbildung lag es deshalb nahe, eine Studie in Auftrag zu geben, in der die Gemeinwohlorientierung des Designstudiums in Deutschland untersucht wird. Als Maßstab dient das Konzept Public Value. Damit verbinden wir zwei Ziele: Zum einen wollen wir einen Beitrag dazu leisten, dass sich die Aufmerksamkeit aller Akteure (in Hochschulen, Ministerien und Fachmedien) wieder stärker dem Gemeinwohl zuwendet. Zum anderen wollen wir mit dem Konzept Public Value insbesondere den Hochschulen ein Instrument an die Hand geben, das für die Aktualisierung ihrer Designstudiengänge praktisch anwendbar ist.

Ursprünglich sollte die Studie aus mehreren Teilen bestehen. Im Verlauf der Bearbeitung stellten sich jedoch Hindernisse in den Weg, deren Überwindung einen zu hohen Aufwand erfordert hätte. Nur ein Teil – eine Umfrage unter allen deutschen Hochschulen mit Designstudiengängen – konnte in angemessener Zeit publikationsreif abgeschlossen werden. Selbst hier lässt sich konstatieren, dass die Beteiligung enttäuschend gering ausfiel. Aber auch das ist ein Ergebnis: Offenkundig steht das Thema Gemeinwohl bzw. Public Value im Designstudium derzeit nicht auf der Agenda. Umso dringlicher erscheint es uns daher, die Ergebnisse in der Hoffnung zu veröffentlichen, dass damit eine fruchtbare Entwicklung initiiert wird.

Als ungeplantes Resultat ist während der Studie eine Datenbank mit sämtlichen Designstudiengängen an deutschen Hochschulen entstanden. Wer sich für ein Designstudium interessiert, konnte bislang auf keine unabhängige und nichtkommerzielle Übersicht der Hochschulen und Studiengänge zurückgreifen. Deshalb freuen wir uns, mit der kostenlosen Onlineveröffentlichung des Studiengangsfinders einen Beitrag zur individuellen Orientierung und allgemeinen Transparenz zu leisten: www.designstudium.org

Hannover, im Februar 2023

Der Vorstand der iF Design Foundation
Christoph Böninger (Vorsitz), Fritz Frenkler (stv. Vorsitz),
Annette Diefenthaler, René Spitz

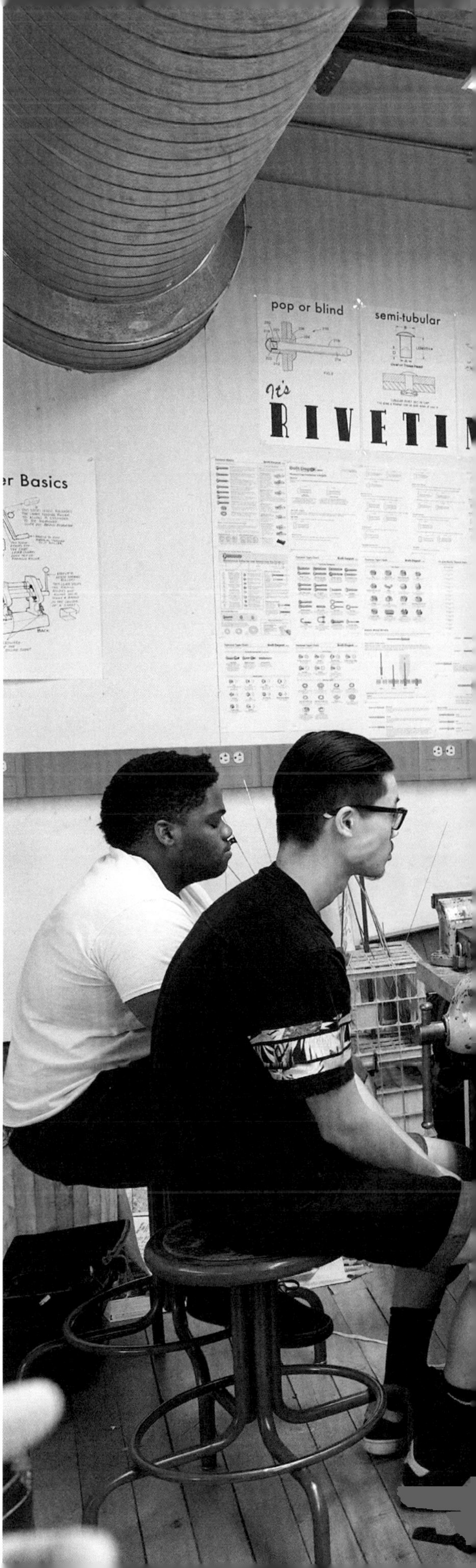
pop or blind
semi-tubular
It's

solid
Jeweler's Saw Blade Size Information
Kanebridge Product Selection Guide
I.D. METAL
METAL
SHOP

01

DESIGNING DESIGN EDUCATION

DIE GESTALTUNG DES ZUKÜNFTIGEN DESIGNSTUDIUMS

DIE AUSBILDUNG BRAUCHT WIEDER DEN BLICK AUF DEN PUBLIC VALUE DES DESIGNS.

»Das Ringen um die Formgestaltung des industriellen Produkts ist nicht als ästhetisches Steckenpferd bestimmter Kreise anzusehen. Es ist eine kulturelle und wirtschaftliche Lebensfrage. Es ist heute längst eine internationale Erkenntnis, daß Qualität nicht nur auf technischer Vollendung, sondern auch auf guter Form beruht.« [1]

Mit diesen Zeilen trat die Organisation an die Öffentlichkeit, aus der die iF Design Foundation hervorgegangen ist (Abb. 001).[2] In heutigen Worten: Design ist keine Angelegenheit für Spezialisten, sondern betrifft die gesamte Gesellschaft. Und es ist ein Irrtum, wenn Design nur auf Schönheit reduziert wird – Design integriert kulturelle, ökonomische, technische und ästhetische Faktoren.[3]

Abb. 001 »Gestaltete Industrieform in Deutschland«, 1954

Abb. 002 Sonderschau formgerechter Industrieerzeugnisse, 1953

1953 wurde auf der Deutschen Industrie-Messe in Hannover erstmals die »Sonderschau formgerechter Industrieerzeugnisse« gezeigt (Abb. 002). Sie versammelte Waren, die zuvor unter Designgesichtspunkten als vorbildlich ausgewählt worden waren. Ihre Initiatoren beriefen sich nicht nur auf den Deutschen Werkbund und das Bauhaus (beide Organisationen wurden 1933 von den Nazis gezwungen, ihre Aktivitäten einzustellen), sie knüpften auch ausdrücklich an die Tradition der Leipziger Messe an. Bis 1942 gab es dort im Frühjahr und im Herbst Sonderausstellungen nach dem gleichen Verfahren: Alle Aussteller wurden zu Einsendungen aufgerufen, aus denen eine Jury die Ausstellungsobjekte auswählte. Die Sonderschau befand sich im internationalen Wettbewerb, auch dies ein Spiegel

Abb. 003 Mendel und Oberer: Plakat, 1984

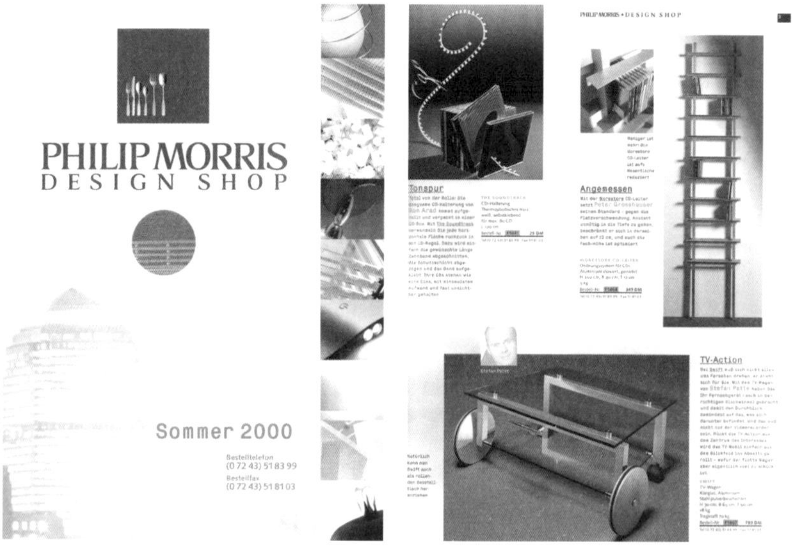

Abb. 004 Philip Morris Design Shop, 2000

der Industrie: Auf vergleichbare Ausstellungen in Basel, Birmingham, Brüssel, Utrecht, London, Mailand und Chicago wurde verwiesen, um zu verdeutlichen, in welche Richtung die Entwicklung ging.

Geschichten vom Erfolg und Aufstieg eines Phänomens bergen in sich meist auch den Keim für deren spätere Veränderung zum Negativen. Design war nach dem Ende des Zweiten Weltkriegs eine Erfolgsgeschichte. Schon in den Siebzigerjahren, nur eine Generation nach 1945, musste der Wirtschaft, Politik und Öffentlichkeit nicht mehr vermittelt werden, welche kommerziellen Erfolge sich mit Design erzielen lassen. Es wurde auch verstanden, dass schrille, schreiend laute und überraschende Oberflächen für enorme mediale Aufmerksamkeit sorgen. Die übrigen Anteile eines ganzheitlichen Designverständnisses wurden dadurch zunehmend in den Hintergrund gedrängt. Design geriet immer stärker in die Rolle eines ausführenden Gehilfen zur Erfüllung kurzfristiger Konsumziele.[4] In dem Maße, in dem die Postmoderne das Fortschrittsparadigma der

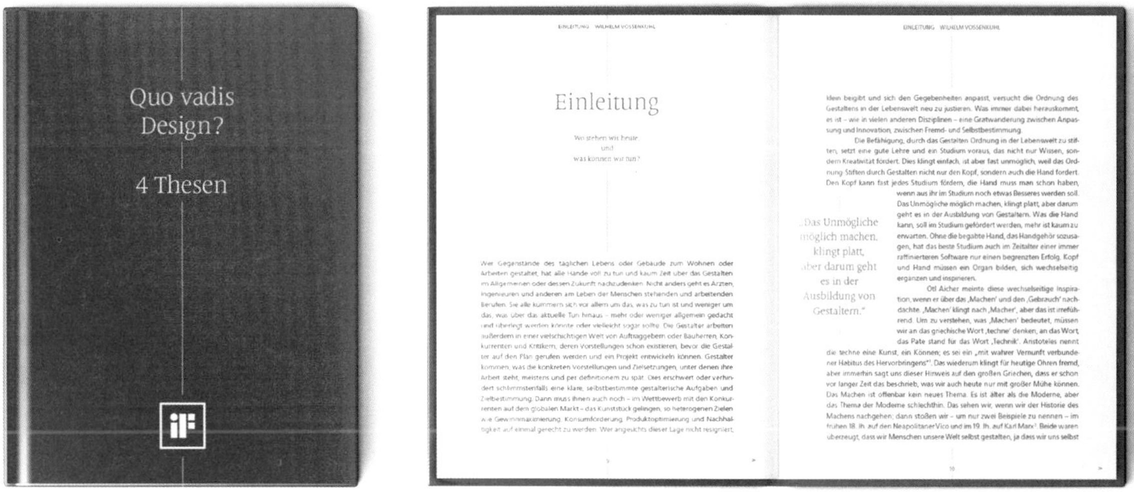

Abb. 005 »Quo vadis Design?«, 2014

Moderne verspottete, wurden im Design die Ziele verworfen, die sich dem gesellschaftlichen Fortschritt verpflichtet hatten (Abb. 003 und Abb. 004).[5] Die nächste Erfolgsgeschichte – der Einzug des Computers in die Designpraxis sowie die Vernetzung und Beschleunigung der digitalen Kommunikation – hat den Fokus vor allem auf die Verheißungen des Neuen gerichtet (»Neuland«).[6] Politische, gesellschaftliche sowie kulturelle Themen und ihre komplexen Zusammenhänge fanden im Design noch Jahre nach dem Jahrtausendwechsel nur wenig Beachtung; Ausnahmen bestätigen die Regel.[7]

Im September 2013 führte der Verein »iF Industrie Forum Design« die Tagung »Quo vadis Design« durch.[8] Einen wesentlichen Anlass für diesen Gedankenaustausch bildete das wachsende Unbehagen angesichts »der seit langem anhaltenden und nicht gerade neuen Sorge [...], dass das Design marginalisiert wird und nur eine kosmetische, vom Marketing bestimmte Rolle spielt«.[9]

Stattdessen sollte Design – man könnte sagen: endlich wieder – das »Ganze des menschlichen Lebens- und Arbeitsraums« in den Blick nehmen (Abb. 005).

Die iF Design Foundation hat sich als gemeinnützige Bildungsstiftung vordringlich der Aufgabe verschrieben, Beiträge zur Weiterentwicklung einer Ausbildung zu leisten, die auf einem ganzheitlichen und gesellschaftlich verantwortungsvollen Designverständnis beruht.

Dabei ergab sich zunächst die Frage, wie die Zukunft der Designpraxis gesehen wird und inwiefern das gegenwärtige Designstudium darauf vorbereitet. In einer Studie wurden dafür 2016 Interviews mit 150 Akteuren in unterschiedlichsten Kontexten weltweit geführt (Abb. 006 – 011). Die Ergebnisse waren insgesamt erschütternd: Die Wirklichkeit der Designpraxis hat sich längst vom Studium entkoppelt, das Studium bereitet nicht auf die zukünftige berufliche Praxis vor, und eine Initiative für einen radikalen Neuanfang ist nicht in Sicht.

Anstatt einen umfangreichen Dokumentationsband zu veröffentlichen (in der Befürchtung, dass eine solche Publikation folgenlos bliebe), entschied sich die iF Design Foundation dazu, 2019 und 2020 vier international besetzte Hearings in Afrika, Asien, Europa und den USA auszurichten. Den Teilnehmern wurden vorab

Abb. 006 – 011 Studie, 2016

Abb. 012 – 017 Hearings und Konzepte, 2019 – 2020

80 Fragen geschickt, die aus den Erkenntnissen der Studie abgeleitet waren. Im Verlauf der Hearings formulierten die Teilnehmer Konzepte für verschiedene Möglichkeiten des Neubeginns in der Designausbildung, angepasst an die jeweiligen kulturellen Kontexte (Abb. 012 – 017).

Wichtiger als die Unterschiede sind die Gemeinsamkeiten in den Aussagen der Hearings: Die zentrale Aufgabe des Designs wird (wieder) darin gesehen, ökologische, soziale und kulturelle Zusammenhänge in Einklang mit ökonomischen Zielen und technischen Bedingungen zu bringen. Der ästhetische Faktor spielt weiterhin eine Rolle, dominiert aber das Design nicht. Design muss in erster Linie dem Wohl der Allgemeinheit dienen.[10]

Das Stichwort Gemeinwohl als Grundlage eines grundsätzlich neuen Designstudiums führte zum Austausch mit Timo Meynhardt, der 2019 am europäischen Hearing teilgenommen hatte. Das gemeinsame Interesse richtete sich auf die Fragen: Welchen Anteil am Designstudium haben Themen, die Public Value in den Mittelpunkt der Aufmerksamkeit rücken? Und wie wird das Designstudium bewertet, gemessen an den Maßstäben des Public Value?

Aus Sicht der iF Design Foundation stellt das Konzept Public Value ein besonders geeignetes Instrument für die Gestaltung der zukünftigen Designausbildung dar. Deshalb werden sich an die hier vorliegende Veröffentlichung in Zukunft weitere Untersuchungen anschließen, um bei der Frage, inwieweit das Designstudium dem Gemeinwohl verpflichtet ist, kontinuierlich für Transparenz zu sorgen.

1 Gestaltete Industrieform in Deutschland. Eine Auswahl formschöner Erzeugnisse auf der Deutschen Industrie-Messe Hannover 1954. Industrial Design in Germany. Esthétique industrielle en Allemagne. Hg. von der Zentralstelle zur Förderung Deutscher Wertarbeit e. V. in Verbindung mit dem Arbeitskreis für industrielle Formgebung im Bundesverband der Deutschen Industrie. Düsseldorf 1954, 7.

2 Am 17.12.1951 konstituierte sich der »Arbeitskreis für Industrielle Formgebung beim Bundesverband der Deutschen Industrie Köln« (1965 überführt in »Gestaltkreis beim BDI e. V. Köln«). Im Mai 1953 wurde auf Initiative dieses Arbeitskreises der Verein »Zentralstelle zur Förderung Deutscher Wertarbeit e. V.« als Träger der Sonderschau »Die gute Industrieform« auf der Deutschen Industrie-Messe Hannover gegründet. Vgl. Christopher Oestereich: »Gute Form« im Wiederaufbau. Zur Geschichte der Produktgestaltung in Westdeutschland nach 1945. Berlin 2000, 219–225. – Ab 1962 wurden die Ausstellungen in einer eigenen Halle gezeigt. 1965 wurde der Verein »Die gute Industrieform Hannover e. V.« gegründet. Vgl. form 32 (1965), 70.

3 Zu ergänzen sind aus heutiger Sicht noch explizit gesellschaftliche, politische und ökonomische Faktoren, welche aber damals zweifellos inbegriffen waren.

4 Vgl. Thomas Hauffe: Die Geschichte des Designs im Überblick. Von der Industrialisierung bis heute. Köln 2019.

5 Vgl. Claudia Mareis: Theorien des Designs zur Einführung. 2. Aufl., Hamburg 2014. Judith Gura: Postmodern Design Complete. London 2017. Gerda Breuer, Petra Eisele (Hg.): Design. Texte zur Geschichte und Theorie. Stuttgart 2018.

6 Vgl. Rob Ford: Web Design. The Evolution of the Digital World 1990–Today. Hg. von Julius Wiedemann. Köln 2019.

7 Vgl. die Tagungen des Internationalen Forums für Gestaltung (IFG) Ulm, ausgerichtet von der Stiftung Hochschule für Gestaltung Ulm, z. B. zu den Themen »Kulturelle Identität und Design« (1989), »Privat in der Öffentlichkeit« (1991) oder »Gemeinsam nutzen statt einzeln verbrauchen« (1992). – Daran anknüpfend das Programm »Designing Politics – The Politics of Design«, 2004 bis 2008. Hierzu René Spitz: HfG IUP IFG. Ulm 1968–2008. Hg. von Regula Stämpfli. Ulm 2013.

8 Diese Tagung löste eine Entwicklung aus, die 2018 in die Überführung des Vereins in die Stiftung »iF Design Foundation« mündete.

9 Wilhelm Vossenkuhl, iF Industrie Forum Design (Hg.): Quo vadis Design. Hannover 2014, 4.

10 Vgl. Christoph Böninger, Fritz Frenkler, Susanne Schmidhuber (Hg.): Designing Design Education. Weißbuch zur Zukunft der Designausbildung. Stuttgart 2021, 253–257.

NO FOOD

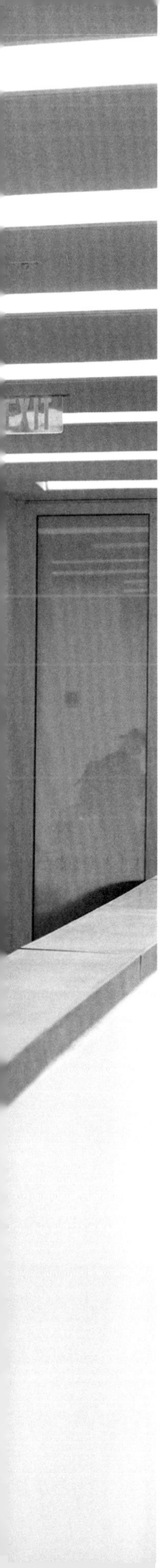

02

DESIGN UND PUBLIC VALUE

PRAXIS UND KONZEPT ZUR FÖRDERUNG DES GEMEINWOHLS

DESIGN BETRACHTET IMMER DAS GANZE.

DER PUBLIC VALUE DES DESIGNS
HINWEISE ZUR BEGRIFFSKLÄRUNG

Das Phänomen Design ist ein integraler Bestandteil der industrialisierten Moderne. Deshalb ist Design durch die westlichen Industriegesellschaften in Europa und Nordamerika geprägt. Deshalb auch tritt Design zuerst in England in Erscheinung, dem Mutterland der industriellen Revolution.

Die Entwicklung des Designs ist wesentlich dadurch gekennzeichnet, dass die treibenden Kräfte immer wieder das Ganze in den Blick genommen und Design ausschließlich für den Fortschritt der Gesellschaft in jeglicher Hinsicht eingesetzt haben. Im Kern erhebt Design stets einen holistischen Anspruch – daraus entspringt die regelmäßig erkennbare Tendenz zur visionären Übersprungshandlung, der Appell zu Utopie und Weltverbesserung. Zugleich wurden von anderen Standpunkten aus immer wieder einzelne Aspekte in den Vordergrund geschoben, so dass das Ganzheitliche des Designs segmentiert wurde.

Der deutsche, nicht übersetzte Terminus technicus Gestaltung, bringt das holistische Selbstverständnis zum Ausdruck. Die Gestalttheorie geht davon aus, dass die menschliche Wahrnehmung auf der gleichzeitigen Verarbeitung sämtlicher Sinneseindrücke beruht. Wahrnehmung ist danach keine Addition der ästhetischen Einzelimpulse (was wir sehen, hören, riechen, schmecken und tastend fühlen), sondern ihre Integration. In den Worten einer berühmten Formel, die meist falsch zitiert wird: Das Ganze ist etwas anderes als die Summe seiner Teile. Das Konzept Gesamtkunstwerk versucht im 19. Jahrhundert, diesen Ansatz im Rahmen der bürgerlichen Kultur anzuwenden.

Im England des 19. Jahrhunderts schließen sich Gestalter (Handwerker, Künstler, Architekten) zur Arts-and-Crafts-Bewegung zusammen. Ihnen erscheint die Gesellschaft aus den Fugen geraten zu sein: Der Stuhl passt nicht mehr zum Tisch, der Raum nicht mehr zum Haus, das Gebäude nicht mehr zur Stadt, in der sich der Einzelne verliert, weil die vertraute Gemeinschaft durch die moderne Gesellschaft abgelöst wurde. Nichts fügt sich mehr passend zusammen, so meinen sie, während doch die Vergangenheit durch

Abb. 018
Arts & Crafts, 1896

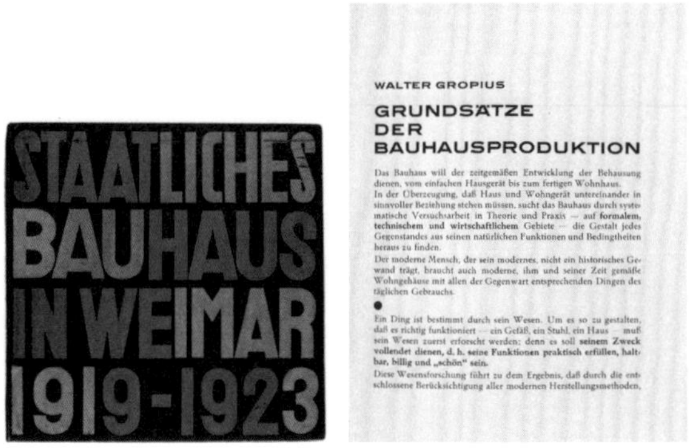

Abb. 019
Bauhaus Weimar/Dessau, 1923/1925

Abb. 020
HfG Ulm, 1958

einen harmonischen Einklang geprägt gewesen sei. Das soziale, kulturelle und politische Chaos müssen die Maschinen in die Welt gebracht haben. Die Industrie zwingt den Arbeitern ihren unbarmherzigen Takt auf, einen neuen, künstlichen Rhythmus jenseits des natürlichen Arbeitstags von Sonnenaufgang bis Sonnenuntergang und unabhängig von den Jahreszeiten. Als Maschinenstürmer wollen die Akteure des Arts and Crafts zurück in ein romantisch verklärtes Mittelalter: Ihre Gestaltung soll das Elend der industriellen Arbeiterklasse beenden. Im Kern war Arts and Crafts deshalb eine sozialreformerische und keine ästhetische Bewegung. In der breiten Rezeption jedoch wird Arts and Crafts meist auf Tapetenmuster und Buchillustrationen reduziert.

Vergleichbares lässt sich über spätere Bewegungen sagen, die das Design im 20. Jahrhundert vorangebracht haben: der Deutsche Werkbund, das Bauhaus (v.a. unter Hannes Meyer), die Hochschule für Gestaltung Ulm oder das italienische Radical Design. Gemein ist ihnen der ganzheitliche Anspruch: Design ist für sie nur ein Mittel, um den Fortschritt der Gesellschaft zu gewährleisten. Gemein ist ihnen auch das Schicksal, dass sie in der Rezeption auf wenige äußere Merkmale reduziert werden. Daraus entsteht ein groteskes Zerrbild: Das Bauhaus ist in dieser Darstellung nur rot-gelb-blau, die HfG Ulm ein minimalistisches Raster und Radical Design künstlerische, antifunktionalistische Revolte.

Seit Arts and Crafts artikulieren Gestalter ihre gesellschaftlichen Vorstellungen auch in eigenen Veröffentlichungen. Längst hat sich daraus ein Kanon der selbstkritischen Manifeste und Pamphlete im und über Design herausgebildet.

Abb. 021
First Things First Manifesto, 1964

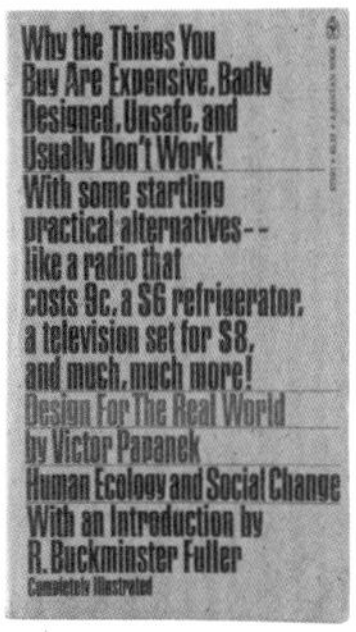

Abb. 022
Victor Papanek, 1972

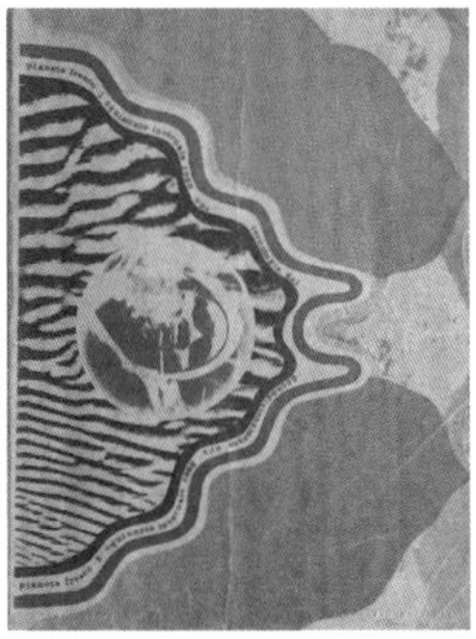

Abb. 023
Radical Design, 1968

Abb. 024
Serge Chermayeff, 1982

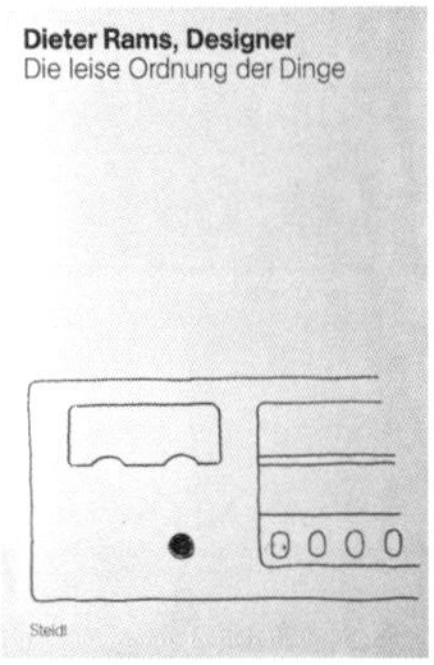

Abb. 025
Dieter Rams, 1987

Spätestens mit der italienischen Radical-Design-Bewegung beginnt die Segmentierung des Designbegriffs: Ein einzelner Aspekt wird herausgestellt, um das Besondere zu betonen. Es handelt sich nicht mehr um Design, sondern um Radical Design. Damit wird zugleich suggeriert, dass alles andere genau das nicht ist – sonst wäre die Hervorhebung nicht erforderlich. »Design« ist danach eben nicht »radikal«, nur »Radical Design« ist radikal: Das segmentierte Design wird als Steigerung oder Intensivierung dargestellt.[11] Damit geht meist auch eine moralische Wertung einher: Radical Design bezieht seine Legitimation aus einer relevanten Lücke, die vom generellen Design vermeintlich nicht bearbeitet wurde und die es jetzt schließt.

In der letzten Dekade ist weltweit eine unübersehbare Vielfalt von segmentierten Designbegriffen aufgetreten, die ihren Fokus auf die gesellschaftliche Verantwortung legen: Public Design, Social Design, Public Impact Design, Social Impact Design, Sustainable Design, Design for Sustainability oder Design for Social Innovation sind willkürlich gewählte Beispiele.[12] Sie alle verbindet die Ablehnung von Design als willfährige Dienstleistung fürs Marketing zur Steigerung des kurzfristigen Konsums. An diese Stelle tritt jeweils die Hinwendung zu langfristigen gesellschaftlichen Zusammenhängen, die unter einem definierten Schwerpunkt betrachtet werden: die Öffentlichkeit, das Soziale oder Nachhaltigkeit. Nicht zuletzt wird Design hierbei nicht als dingliches Resultat, sondern als Prozess verstanden.

Der Nachteil dieser segmentierten Begriffe besteht darin, dass die Bedeutungen wie bei einem Vexierspiel zwischen zwei Polen changieren. »Social Design« soll zwar vordringlich ein Begriff für Design

Abb. 026
Global Design

Abb. 027
Design for Social Innovation

Abb. 028
Social Design

Abb. 029
Critical Design

sein, das aufs Soziale besonderen Wert legt - im Gegensatz zum »Design«. »Social Design« ist aber auch »Design«, es enthält also auch den Begriff, von dem es sich absetzt. Zugespitzt wird die Paradoxie in Dieter Rams' berühmter Formel: Gutes Design ist möglichst wenig Design. Dieser logische Widerspruch ist nur verständlich, wenn erkannt wird, dass der Designbegriff per se einen holistischen Anspruch formuliert und deshalb eine Segmentierung überflüssig bzw. widersprüchlich ist.

Der Idee nach ist ein Produkt kein schlechtes oder degeneriertes Design, wenn es unsozial oder nicht nachhaltig ist - es ist überhaupt kein Design, nur ein schlechtes Produkt. In Wirklichkeit jedoch wird dieser holistische Anspruch nur selten eingelöst. Daraus speist sich das fortlaufende Bedürfnis, immer wieder neue segmentierte Begriffe zu formulieren: »As much as design has been instrumentalized to cement the socio-political and commercial status quo and project it into the future, there has always been the desire and hope that the same practices and concepts could be reframed, reimagined and converted to critique the present and propose alternative futures.« [13] Es zeichnet sich längst ab, dass hier das Gesamtbild einer unverständlichen Vielzahl konkurrierender Termini entstanden ist und all diese Begriffe im Laufe der Jahre das Schicksal jeder Mode teilen.

Abb. 030
Public Interest Design

Abb. 031
Sozio-Design

Abb. 032
Social Impact Design

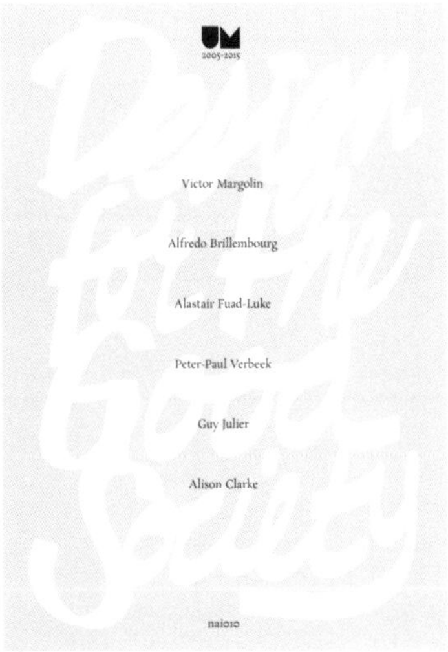

Abb. 033
Design for the Good Society

Dieses Dilemma ist nicht auflösbar. Als pragmatische Alternative erscheint es deshalb schlüssig, den Designbegriff nicht weiter zu modellieren. Stattdessen lohnt es sich, die Blickrichtung zu verändern und so konkret wie möglich danach zu fragen, welchen Beitrag das Design – ganzheitlich verstanden – für die Gesellschaft als Ganzes leistet. Das Public-Value-Konzept bietet sich hierfür als Bezugsrahmen an, weil es noch allgemeiner als das Konzept Nachhaltigkeit die Gemeinwohlverpflichtung operationalisierbar macht.

11 Das gilt nicht für Segmentierungen, die Spezialisierungen artikulieren: Industrial Design, Graphic Design, Visual Design etc.

12 Zur Kritik des Social Design jetzt Peter F. Stephan: Designing Concerns. Die »Revision der Moderne« (Bruno Latour) als Aufgabe des Transformation Designs. Bielefeld 2023.

13 Claudia Mareis, Moritz Greiner-Petter, Michael Renner: »Critical by design? An introduction«. In: dies. (Hg.): Critical by Design? Genealogies, Practices, Positions. Bielefeld 2022, 9f.

DER WERT EINER ORGANISATION FÜR DIE GESELLSCHAFT.

WAS WIRKLICH ZÄHLT: PUBLIC VALUE
ORGANISATIONEN MACHEN GESELLSCHAFT[14]

Timo Meynhardt

Organisationen schaffen immer auch einen gesellschaftlichen Nutzen. Unter der lange dominierenden Perspektive des Shareholder Value findet dieser aber weder in der Strategie noch in der öffentlichen Wahrnehmung einen angemessenen Niederschlag. Daran konnte auch Peter Drucker, der Vater des modernen Managements, der 1973 den Beitrag zur Gesellschaft als eigentliche Legitimationsgrundlage für freies Unternehmertum beschrieb, nichts ändern.[15]

Die Perspektive des Public Value stellt die Frage »Was macht eine Organisation wertvoll für die Gesellschaft?« in den Mittelpunkt. Es geht um ein Wertschöpfungsverständnis, bei dem der Beitrag zum Zusammenleben in einem Gemeinwesen als Teil der Organisationsleistung gesehen wird. Der gewollte oder ungewollte Einfluss auf nicht ökonomische Werte der Gesellschaft wird neben dem finanziell-ökonomischen Beitrag als gesellschaftliche Wertschöpfung verstanden.

Organisationen sind nicht nur Spiegelbild der Gesellschaft, sie »machen« Gesellschaft und helfen aktiv mit, diese zu produzieren und zu reproduzieren. Damit knüpft die Public-Value-Idee an alte Debatten an und stellt die Frage nach dem Gemeinwohl neu. Dass dies für die Praxis relevant ist, zeigt die positive Aufnahme im Organisationsalltag.

Ein Grund dafür könnte der gewählte Ausgangspunkt sein: Die finanzielle Perspektive bleibt weiterhin bedeutsam, wird aber eingebettet in moralisch-ethische, politisch-soziale und nicht zuletzt hedonistisch-ästhetische Perspektiven. Die Frage nach der Wertschaffung wird also umfassender gestellt, und vor allem wird der soziale Kontext betont: Wertvoll ist das, was von der Gesellschaft als wertvoll erachtet wird. Das Konzept Public Value ist »Wert für die Öffentlichkeit«.

Gemeint sind dabei vor allem die Bilder, die wir alle im Kopf haben, wenn wir von der Öffentlichkeit oder den verschiedenen Öffentlichkeiten sprechen. Die Erkenntnis, wonach wir in einer komplexen

Welt gar nicht anders können, als unsere Erfahrungen zu verdichten und zu verallgemeinern (»der Staat«, »der Markt«), ist das eine. Entscheidend ist aber auch, dass der Einzelne in seiner Selbstentwicklung auf das soziale Umfeld angewiesen ist, sich das »Selbst« im Spiegel der anderen entwickelt – woran uns der Psychologe Wolfgang Prinz eindrucksvoll erinnert hat.[16]

»Öffentlichkeit« steht also vor allem für die Erfahrung von Gemeinschaft und Gesellschaft,[17] die wir als Kunden oder Mitarbeiter machen und der wir als Bürger gar nicht ausweichen können. Ohne Zweifel haben Organisationen hier eine ganz besondere vermittelnde Rolle für das Individuum. Eine Gesellschaft, die sich über ihre unterschiedlichen Organisationen definiert, ist besonders anfällig, wenn einzelne ihrer Institutionen versagen, die ganz wesentlich für den gesellschaftlichen Zusammenhalt stehen.

Public Value ist demnach die Leistung einer Organisation, welche für den einzelnen Mitarbeiter, Kunden oder Stakeholder eine Ressource darstellt, also etwas, woraus er Sinn, Orientierung und im besten Fall Identität und Energie ableiten kann. Public Value kann folglich auch zerstört werden, wenn Organisationen Schaden anrichten und ihren gesellschaftlichen Rückhalt riskieren.

Public Value ist ausgerichtet auf das Management der gesellschaftlichen Rolle und die Anerkennung einer Organisation. Mit der Idee verbindet sich eine komplexe Denkbewegung, die keineswegs abgeschlossen ist. Eines ist aber schon jetzt deutlich: Der Versuch, Organisationen und ihr Handeln wieder stärker auf die Konsequenzen für die Wahrnehmung von Gesellschaft zu hinterfragen, führt nicht unbedingt in dieselbe Richtung wie Ansätze der Corporate Social Responsibility oder der Nachhaltigkeitsbewegung. Warum? Ganz einfach weil Public Value sich an den gesellschaftlichen Erwartungen orientiert, die je nach politischem oder kulturellem Kontext ganz andere als die eigenen sein können.

Ein solcher Relativismus ist nicht einfach zu verkraften. Im Gegensatz dazu gibt etwa der Ansatz der Gemeinwohlökonomie die »richtigen« Werte vor. In anderer Weise macht auch der Ansatz des Shared Value von Michael Porter und Mark Kramer Vorgaben und richtet den Blick allein auf gemeinsame Produktivitäts- und Einkommenssteigerungen. Abb. 034 zeigt, dass vorhandene wertorientierte Paradigmen für sich allein stets Gefahr laufen, bestimmte Positionen zu überhöhen.

Beurteilungsraster	Ausrichtung von Organisationen auf ... Customer Value	Shareholder Value	Stakeholder Value	Corporate Social Responsibility
Berechtigter Fokus	Ausrichtung auf Kundenzufriedenheit	Wertsteigerung für Eigner	Interessen der Anspruchsgruppen	Beachtung von Nebenwirkungen
Gefahr	Überhöhung auf Kundenperspektive	Dominanz von Finanzgrößen	Zu starke Integration heterogener Erwartungen	Ohne Relevanz für das Kerngeschäft
Konsequenzen	Vernachlässigung gesellschaftlicher Wirkung	Eindimensional quantitative Sicht	Unerfüllbarkeit der Erwartungen	Glaubwürdigkeitsverlust Alibi
Primärer Bewertungsmaßstab	**Hedonistisch-ästhetisch**	**Instrumental-sachlich**	**Politisch-sozial**	**Ethisch-moralisch**

Abb. 034 Vergleich etablierter Ausrichtungen von Organisationen

Der Public-Value-Ansatz postuliert dagegen kein neues Paradigma, sondern setzt darauf, dass sich die tatsächliche Wertschöpfung einer Organisation aus einem Zusammenspiel unterschiedlicher Kriterien und Bewertungsdimensionen ergibt. Weder wird der Shareholder Value obsolet, noch kann man den Public Value allein aus dem Kundennutzen ableiten. Auch Stakeholder fragen zunehmend über ihre Partikularinteressen hinaus nach der Verankerung eines Geschäftsmodells in der Gesellschaft. »Public Value wird erst dann geschaffen oder zerstört, wenn das individuelle Erleben und Verhalten von Personen und Gruppen so beeinflusst wird, dass dies stabilisierend oder destabilisierend auf Bewertungen des gesellschaftlichen Zusammenhalts, das Gemeinschaftserleben und die Selbstbestimmung des Einzelnen im gesellschaftlichen Umfeld wirkt.«[18]

Diese Zuspitzung auf die individuelle Erfahrung und Bewertung bemisst das Handeln von Organisationen am Maßstab menschlicher

Grundbedürfnisse. Die psychologische Theoriebildung nach Seymour Epstein[19] gibt uns dazu vier Dimensionen an die Hand, die sich in einzelne Wertbereiche übersetzen lassen und sich in den vorgenannten Sichtweisen auf Unternehmen spiegeln:

1. Bedürfnis nach Orientierung und Kontrolle (instrumentell-utilitaristisch, Fokus auf den Nutzen)
2. Bedürfnis nach Selbstwerterhalt und -steigerung (moralisch-ethisch, Fokus auf das Individuum)
3. Bedürfnis nach positiven Beziehungen (politisch-sozial, Fokus auf die Gruppe)
4. Bedürfnis nach Unlustvermeidung und Lustgewinn (hedonistisch-ästhetisch, Fokus auf positive Erfahrung).

Die Theorie lehrt uns auch, dass es individuelle Schwerpunktsetzungen und kulturelle Besonderheiten gibt. Nicht möglich ist hingegen eine in der »Natur« des Menschen begründbare Hierarchie der Werte.

Public Value wird immer dann realisiert, wenn die Erfahrung mit Organisationen effektiv zu veränderten Wahrnehmungen dieser Bedürfnisse führt. Welche dies sind und ob sich dafür Mehrheiten finden (Kunden, Wähler, Anhänger etc.), unterliegt der Veränderung. »Durchdrücken« kann man sie nicht. Eine wichtige Rolle spielt dabei immer auch der Umgang mit Macht.

Insbesondere für eine Organisationsentwicklung, die auf Motivation durch sinnstiftende Angebote und Identifikation mit der Arbeit setzt, bietet Public Value ein motivierendes Zielbild. Eine neuere Entwicklung ist auch eine organisationsübergreifende Messung und Bewertung des Public-Value-Beitrages beispielsweise im »Gemeinwohl-Atlas«[20] oder mithilfe der Public Value Scorecard[21] (vgl. Abb 045).

Insgesamt knüpft der Public-Value-Gedanke an Wurzeln und normative Prämissen der Organisationsentwicklung an. Das günstige Zusammenspiel von Produktivität und Menschlichkeit, aber auch die Balance von Innen- und Außenorientierung sind Qualitätsmerkmale einer gesunden Entwicklung jeder Organisation.

Der Public Value entsteht natürlich erst im Organisationsumfeld. Dabei sind die Organisationsmitglieder ein wichtiger Gradmesser.
So hat zum Beispiel der Doyen der Organisationspsychologie Lutz von Rosenstiel schon vor 40 Jahren darauf hingewiesen, dass die Legitimation einer Organisation in der Gesellschaft nur dann gewährleistet werden kann, wenn ein Grundkonsens zwischen den Werten,

»die die Organisation zu realisieren sucht, und de[n] Wertorientierungen ihrer Mitglieder hergestellt werden kann«.[22]

Der Public-Value-Ansatz hat – in Anlehnung an eine berühmte Wendung – eine lange Geschichte, aber nur eine kurze Vergangenheit. Er ist aber auch ein Kind seiner Zeit mit der besonderen Betonung von Dialog, Pluralität und Relativität. Gerade in unruhigen Zeiten mit vielen Unwägbarkeiten kann der Public-Value-Gedanke als Kompass dienen: Leitbilder werden künftig noch stärker von der Gesellschaft her definiert, und wirtschaftliche Angebote werden sich mehr denn je an ihrem Public Value messen lassen müssen. Wer darin eine Überforderung sieht, verkennt, wie sehr Organisationen heute gefordert sind, sich und ihr Handeln eben auch gesellschaftlich zu legitimieren. Der Public-Value-Begriff konfrontiert uns mit der drängenden Frage, wie Organisationen das beeinflussen, was wir Gesellschaft nennen und was eine Gemeinschaft zusammenhält.

14 Eine ältere Fassung dieses Textes erschien in: OrganisationsEntwicklung, Zeitschrift für Unternehmensentwicklung und Change Management, Heft 4, Düsseldorf 2013, 4–7.

15 Peter Drucker: Management: Tasks, Responsibilities, Practices. New York 1973, 41.

16 Wolfgang Prinz: Das Selbst im Spiegel. Die soziale Konstruktion von Subjektivität. Berlin 2013.

17 Ferdinand Tönnies: Gemeinschaft und Gesellschaft. Grundbegriffe der reinen Soziologie. Darmstadt 2005.

18 Timo Meynhardt: »Public Value – oder: Was heißt Wertschöpfung zum Gemeinwohl«. In: Der moderne Staat – Zeitschrift für Public Policy, Recht und Management. Heft 2, 2008, 462.

19 Seymour Epstein: »Cognitive-experiential self theory: An integrative theory of personality«. In: Irving B. Weiner, Howard A. Tennen, Jerry M. Suls (Hg.): Handbook of Psychology, Bd. 5: Personality and Social Psychology. 2. Aufl., New York 2012, 93–118.

20 Siehe dazu www.gemeinwohlatlas.de (für Deutschland) und www.gemeinwohl.ch (für die Schweiz).

21 Timo Meynhardt: »Werkzeugkiste 37. Public Value Scorecard (PVSC)«. In: OrganisationsEntwicklung, Zeitschrift für Unternehmensentwicklung und Change Management, Heft 4, Düsseldorf 2013, 79–83.

22 Lutz von Rosenstiel: »Wertewandel und Organisationsentwicklung«. In: OrganisationsEntwicklung, Heft 2, Zeitschrift für Unternehmensentwicklung und Change Management, Langenfeld 1983, 40.

EXIT

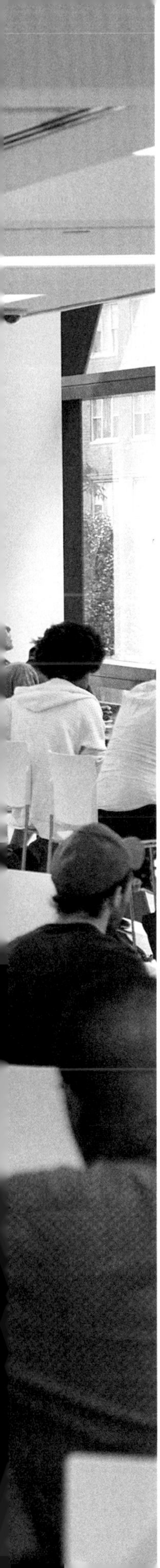

03

VIEL LUFT NACH OBEN: DIE GEMEINWOHLORIENTIERUNG DES DESIGNSTUDIUMS IN DEUTSCHLAND

ERGEBNISSE DER PUBLIC-VALUE-STUDIE

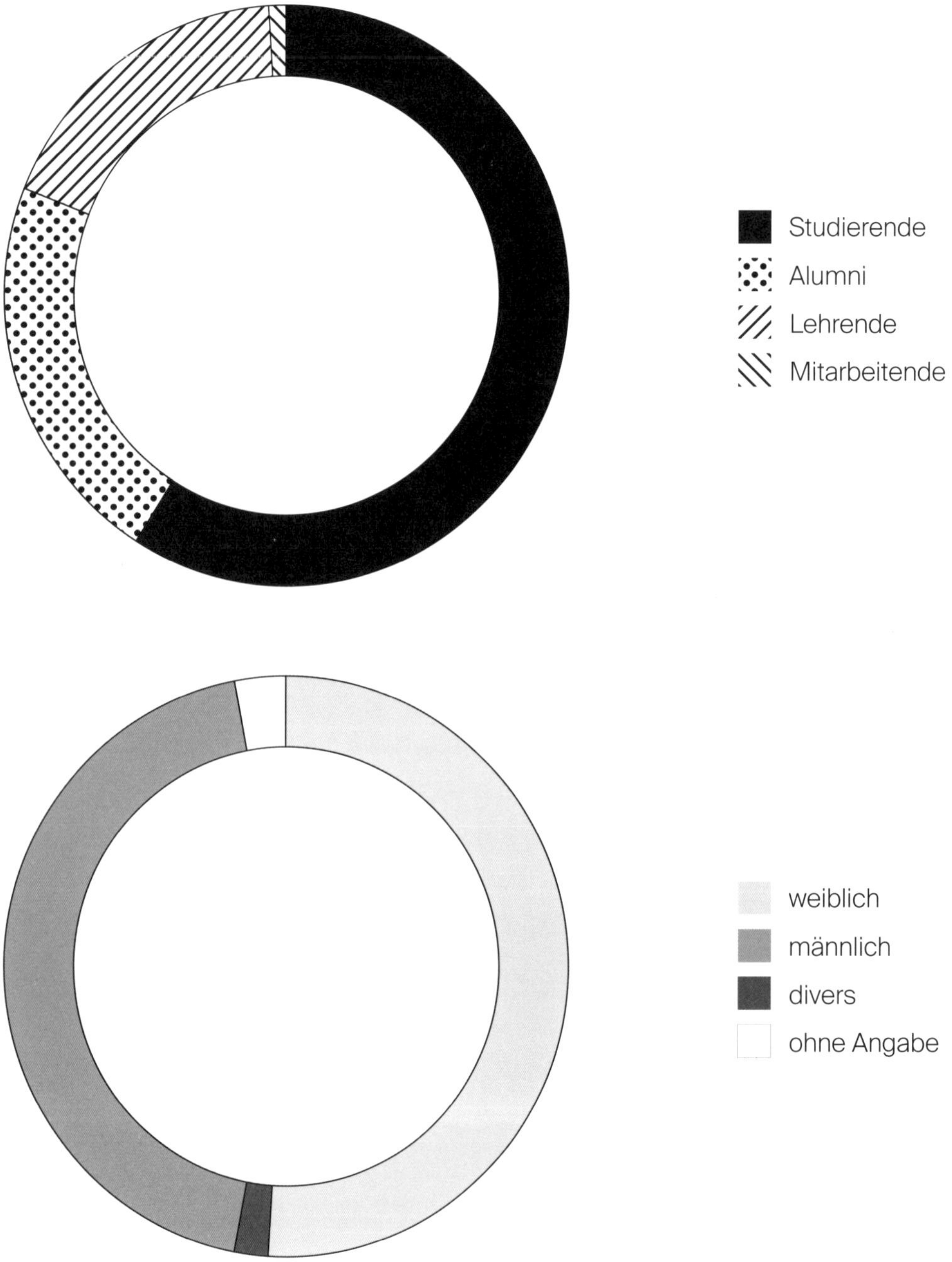

Abb. 035 Beschreibung der Stichprobe: Status- und Geschlechterverteilung

KONTEXT DER STUDIE

Timo Meynhardt

Wie wird die Gemeinwohlorientierung im Designstudium an deutschen Hochschulen umgesetzt? Welcher Public Value wird diesem zugeschrieben? Inwieweit spielen diese Fragen dort überhaupt eine Rolle, und woran lässt sich dies allenfalls festmachen?

Dazu hat die iF Design Foundation in Kooperation mit Prof. Dr. Timo Meynhardt und Magdalena Wallkamm (MA Soziologie) von der Handelshochschule Leipzig bei einer bundesweiten Umfrage erste Eindrücke gewonnen.

An der bundesweiten Befragung, die im April und Mai 2022 an 108 Hochschulen mit Designstudiengängen durchgeführt wurde, nahmen insgesamt 438 Personen (Studierende, Lehrkräfte, Alumni) von 70 Hochschulen teil. Inwieweit wird Wert darauf gelegt, dass Design nicht nur einen funktionalen Nutzen stiftet und zur Lebensqualität beiträgt, sondern ebenso auf den Zusammenhalt der Gesellschaft wirken kann und dabei neben der wirtschaftlichen auch eine moralisch-ethische Dimension hat? Zu diesen fünf Dimensionen des Gemeinwohls wurden spezifische Teilfragen gestellt, in denen genauer untersucht wurde, worauf im Studium tatsächlich Wert gelegt wird. Auf Klimaneutralität? Auf Reparierbarkeit? Auf anderes?

Im Ergebnis liegt nun (noch) kein vollständiges Bild vor, wohl aber lassen sich Tendenzen erkennen, was das Designstudium als Ganzes ausmacht – unabhängig vom konkreten Studiengang oder Studienort. Mit anderen Worten: Die Ergebnisse sind Ausdruck einer Gesamtentwicklung und dafür repräsentativ.

In die Erhebung wurden verschiedenste Studiengänge einbezogen (vgl. dazu die Ausführungen zu den Designstudiengängen unter der Überschrift »Praktiken im Design«). Wegen der jeweils zu geringen Fallzahlen ist eine studiengangspezifische Auswertung leider nicht möglich.

INTERESSANTE ERGEBNISSE

Ein Hauptergebnis der Studie: 82 % der Befragten wünschen sich eine stärkere Beachtung der gesellschaftlichen Wirkung (Public Value) von Design im Studium. Es ist nachvollziehbar, dass die Lehrenden die Situation etwas weniger dramatisch einschätzen.

Es besteht der ausgeprägte Wunsch, Public Value im Designstudium stärker zu betonen.

Abb. 036

Fragt man danach, welche Kompetenzen heute vermittelt werden, landet »Gesellschaftliche Achtsamkeit« nur auf Platz 10.

Gesellschaftliche Achtsamkeit landet unter den vermittelten Kompetenzen nur auf Platz 10.

Abb. 037

Bemerkenswert ist, dass für mehr als die Hälfte der Befragten die Weiterempfehlung ihres Studienganges von der Frage abhängt, ob gesellschaftliche Themen im Design zum Gegenstand des Studiums gemacht werden oder nicht.

Für 53,4 % hängt die Weiterempfehlung ihres Studiengangs davon ab, ob gesellschaftliche Themen Gegenstand des Studiums sind.

Abb. 038

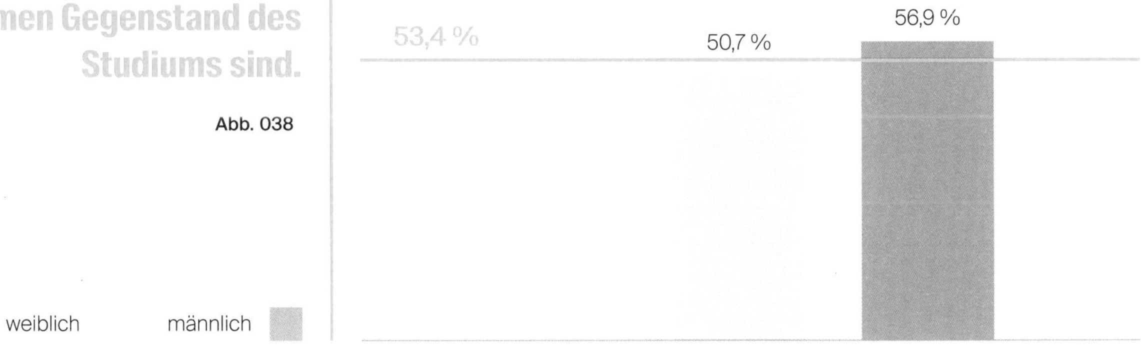

So ist knapp die Hälfte der Befragten der Auffassung, dass in ihrem Studium kein oder kaum Wert gelegt wird auf Ressourcenaspekte im Design. Dies umfasst den nachhaltigen Umgang mit Ressourcen sowie Praktiken des Recyclings und Upcylings.

Knapp die Hälfte gibt an, dass kein oder kaum Wert auf Ressoucenaspekte im Designstudium gelegt wird.

Abb. 039

Lediglich 35 von 100 Befragten sind der Meinung, dass im Studium Wert gelegt wird auf die Vermittlung von Praktiken der Kreislaufwirtschaft.

69 von 100 Befragten sind der Auffassung, dass auf das Thema Klimaneutralität im Designstudium kein oder kaum Wert gelegt wird.

55,6 % der Befragten sind der Auffassung, dass im Studium gar kein oder kaum Wert gelegt wird auf das Thematisieren gesellschaftlicher Konflikte.

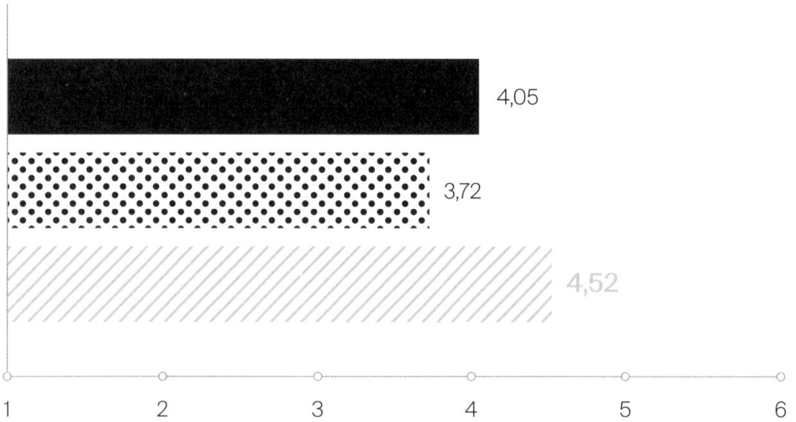

Lehrende bewerten den Wert, der auf die Adressierung gesellschaftlicher Konflikte gelegt wird, signifikant höher.

Abb. 040

Auch bei der Frage nach dem Einfluss von Design auf Demokratie und Zivilgesellschaft zeigt sich, dass es hier noch erheblichen Verbesserungsbedarf gibt.

Nur 29 von 100 Befragten sind der Auffassung, dass im Studium die Bedeutung des Designs für die Stärkung oder Schwächung der Demokratie thematisiert wird.

36 % der Teilnehmenden sind der Meinung, dass im Studium darüber reflektiert wird, inwieweit Design die Zivilgesellschaft stärken oder schädigen kann.

Die Befragten bewerten die Auswirkungen von Design auf Demokratie und Zivilgesellschaft eher gering.

Abb. 041

Interessant ist ebenso der Befund, dass 35,7 % der Teilnehmenden der Aussage zustimmen, dass während des Studiums ein Bewusstsein für Macht und Statusfragen im Kontext von Design geschaffen wird, während 26,9 % dies nicht erkennen.

Im Studium wird ein Bewusstsein für Macht und Statusfragen im Kontext von Design geschaffen.

Abb. 042

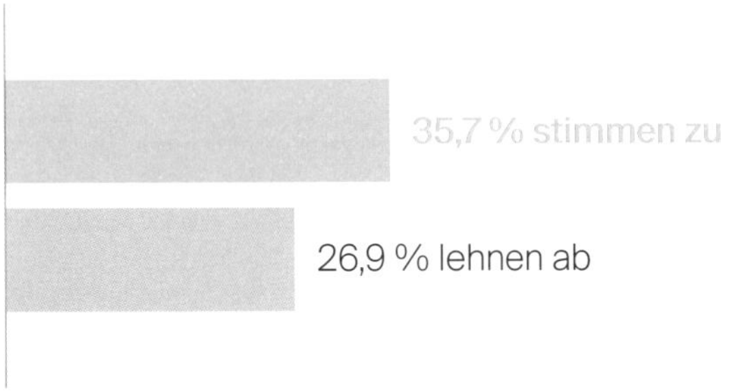

Auf den Fragenkomplex, inwieweit insgesamt Designstudiengänge in Deutschland einen Public Value aufweisen und mit dem Bildungsangebot einen Beitrag zum Gemeinwohl leisten, antworten erwartungsgemäß Lehrende, Studierende und Alumni unterschiedlich. Einig sind sie sich offenkundig darin, dass Anspruch und Wirklichkeit auseinanderklaffen.

Die Teilnehmenden bewerten den Beitrag des Designstudiums in Deutschland zum Public Value hoch ein.

Gleichzeitig ist der Unterschied zwischen Anspruch (Lehrende) und Wirklichkeit (Studierende und Alumni) signifikant.

Abb. 043

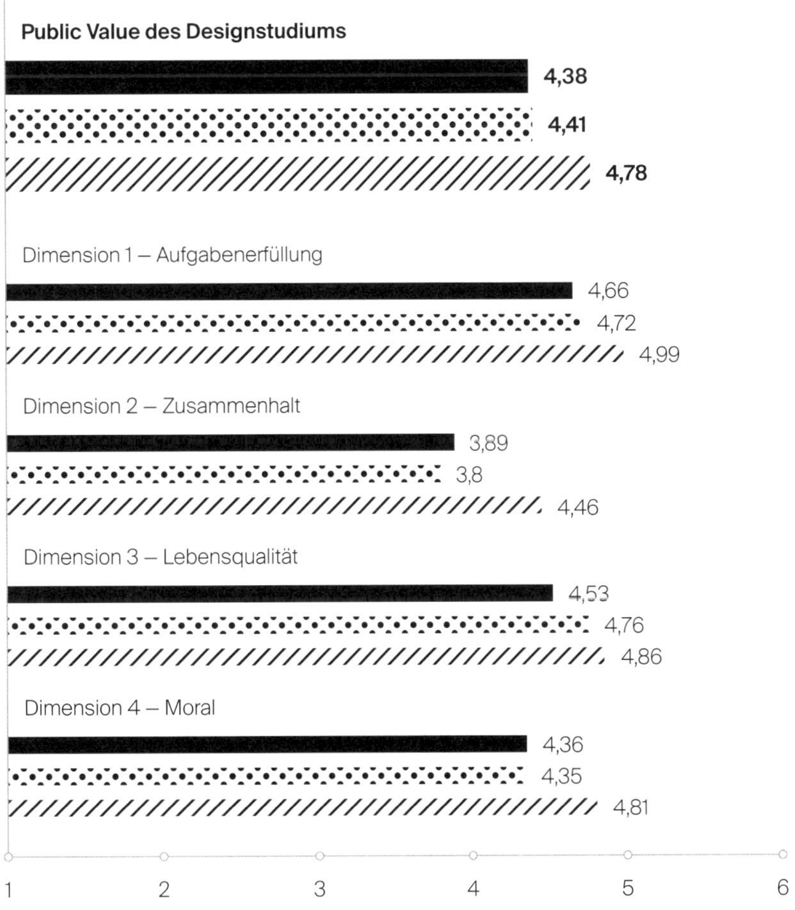

Der Frage, ob ihr Studiengang insgesamt nachhaltig zum Gemeinwohl beiträgt, stimmen 60,4 % der Teilnehmenden zu (60,1 % der Studierenden, 49,5 % der Alumni und 73 % der Lehrenden). So verwundert es auch nicht, dass 79,4 % der Teilnehmenden eine Stärkung des Themas Public Value im Studium befürworten. 4,4 % der Befragten lehnen dies ab.

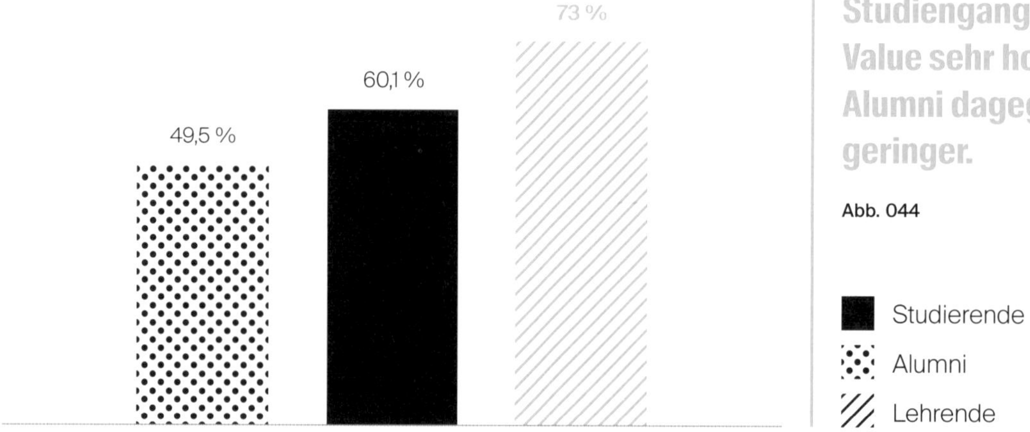

Lehrende schätzen den nachhaltigen Beitrag ihres Studiengangs zum Public Value sehr hoch ein, Alumni dagegen deutlich geringer.

Abb. 044

Abschließend soll der nachdenkliche O-Ton eines Studierenden stehen, der sich unmittelbar mit einem Handlungsauftrag verbindet, die Gemeinwohlorientierung systematisch(er) im Curriculum zu verankern:

»Es hängt stark davon ab, was man selber daraus macht. Erst die Kombi mit dem eigenen Charakter macht die Studieninhalte wertvoll.«

Studierender

FAZIT

Angesichts der übergreifenden Tendenz einer Diskrepanz zwischen dem Wunsch nach mehr Gemeinwohlorientierung (Public Value) und der Wirklichkeit ist festzuhalten: Es gibt noch viel Luft nach oben für Verbesserungen!

Ist diese Aussage nicht zu hoch gegriffen angesichts der Vielgestaltigkeit des Designstudiums in den einzelnen Studiengängen? Lässt die vergleichsweise kleine Stichprobe eine so weitreichende Feststellung überhaupt zu? Wie man es auch dreht und wendet, die vorliegende Momentaufnahme signalisiert einen Veränderungsbedarf, der nicht von außen an die Hochschulen herangetragen, sondern auf Basis einer »internen« Befragung ermittelt wurde.

Es wäre unverantwortlich, dabei alle Studiengänge über einen Kamm zu scheren. Allerdings lohnt sich allerorten eine vertiefte Auseinandersetzung mit der Thematik, sofern es um die Frage geht, ob und in welche Richtung ein konkreter Studiengang aktualisiert werden kann. Denn die Studie hat eines gezeigt: Gemeinwohlorientierung ist eine Chance für das Designstudium.

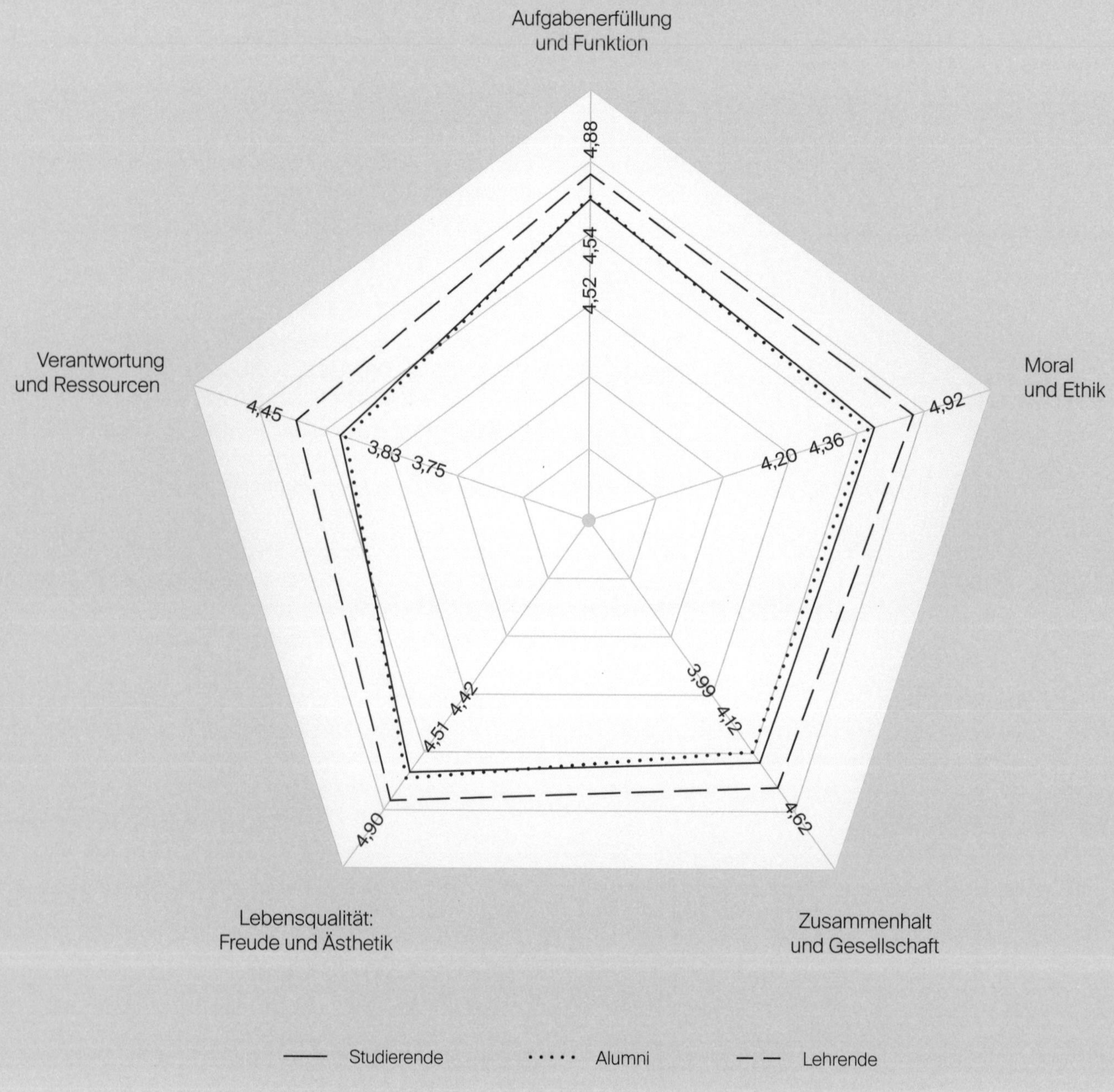

In der Abbildung wird deutlich, dass die Lehrenden die Public-Value-Orientierung im Designstudium höher bewerten als Studierende und Alumni. Dies trifft auf alle fünf Dimensionen der auf das Designstudium angepassten Public Value Scorecard zu.

Generell gilt: Je höher die Ausprägung, desto eher wird im Studium auf die Vermittlung dieser Werte geachtet. In ihrer Gesamtheit sind sie Ausdruck der Public-Value-Orientierung.

Abb. 045 Public Value Scorecard für die Designstudiengänge in Deutschland

EXECUTIVE SUMMARY
KERNAUSSAGEN DER PUBLIC-VALUE-STUDIE

Anknüpfend an ihre 2021 veröffentlichte internationale Studie zur Zukunft der Designlehre (Weißbuch »Designing Design Education«) hat 2022 die iF Design Foundation, eine gemeinnützige Bildungsstiftung, in Kooperation mit der Handelshochschule Leipzig danach gefragt, wie die Gemeinwohlorientierung im Designstudium an deutschen Hochschulen umgesetzt wird und welcher Public Value diesem zugeschrieben wird.

Während es naheliegt, sich im Designstudium auf ganzheitliche Ansätze des 20. Jahrhunderts (vom Deutschen Werkbund über das Bauhaus, bis zur Guten Form und zur HfG Ulm) zu berufen, hat das Design auf die vielfältigen gesellschaftlichen Krisen und umfassenden Herausforderungen des 21. Jahrhunderts noch keine schlüssige Antwort formuliert.

Die bundesweite Befragung im April und Mai 2022 hat Angehörige von 2/3 aller deutschen Hochschulen, an denen Design studiert werden kann, erreicht. Es haben 438 Personen (Studierende, Lehrkräfte, Alumni) von 70 Hochschulen (von insgesamt 108) teilgenommen. In die Erhebung wurde das vollständige, heterogene Angebot verschiedenster Studiengänge einbezogen (Design von Botschaften, Dingen und Systemen).

Das allgemeine Meinungsbild ist eindeutig: Es gibt einen großen Entwicklungsbedarf. Gleichzeitig zeigt das Gesamtbild, dass dem Public Value des Designstudiums großer Wert beigemessen wird. Dies bestätigt ein Blick in den GemeinwohlAtlas Deutschland (www.gemeinwohlatlas.de), der – bei allen methodischen Schwierigkeiten eines direkten Vergleichs – als Maßstab herangezogen werden kann.

82 % der Befragten wünschen sich eine stärkere Beachtung der gesellschaftlichen Wirkung (Public Value) von Design im Studium. Es kann festgestellt werden, dass die Lehrenden die Situation etwas weniger dramatisch einschätzen.

Bemerkenswert ist, dass für mehr als die Hälfte der Befragten die Weiterempfehlung ihres Studienganges von der Frage abhängt, ob gesellschaftliche Themen im Design zum Gegenstand des Studiums gemacht werden oder nicht.

So ist knapp die Hälfte der Befragten der Auffassung, dass in ihrem Studium kein oder kaum Wert gelegt wird auf Ressourcenaspekte im Design. Dies umfasst den nachhaltigen Umgang mit Ressourcen sowie Praktiken des Recyclings und Upcylings. Lediglich 35 von 100 Befragten sind der Meinung, dass im Studium Wert gelegt wird auf die Vermittlung von Praktiken der Kreislaufwirtschaft. 69 von 100 Befragten sind der Auffassung, dass auf das Thema Klimaneutralität im Designstudium kein oder kaum Wert gelegt wird.

55,6 % der Befragten sind der Auffassung, dass im Studium gar kein oder kaum Wert gelegt wird auf die Berücksichtigung gesellschaftlicher Konflikte. Auch bei den Fragen der Auswirkungen von Design auf Demokratie und Zivilgesellschaft stellt sich Ernüchterung ein: Nur 29 von 100 Befragten sind der Auffassung, dass im Studium die Rolle, die Design für die Stärkung oder Schwächung der Demokratie spielt, thematisiert wird.

Um den Public Value einer Organisation zu erfassen, werden mehrere Dimensionen abgefragt. Blickt man auf diese Details, so ergeben sich in der vorliegenden Studie signifikante Unterschiede z. B. bei der Bewertung durch die Studierenden. So erhält aus ihrer Sicht die Aufgabenerfüllung eine hohe Bewertung (4,66 auf einer Skala von 1 bis 6), während die Dimension Zusammenhalt von ihnen deutlich niedriger bewertet wird (3,89).

Die vorliegende Studie ist die erste ihrer Art für das Designstudium in Deutschland. Sie kann in ihrer Aussagekraft noch keine Repräsentativität beanspruchen, jedoch zeichnen sich dadurch jetzt schon einige substanzielle Tendenzen ab.

NEHMER
BAUER
DATEN
HÄNDLER
ERNTEHELFER

04

DESIGNSTUDIUM IN DEUTSCHLAND

ÜBERBLICK UND ZUGANG

HOCHSCHULEN MIT DESIGNSTUDIENGANG
VERTEILUNG ÜBER DIE BUNDESREPUBLIK

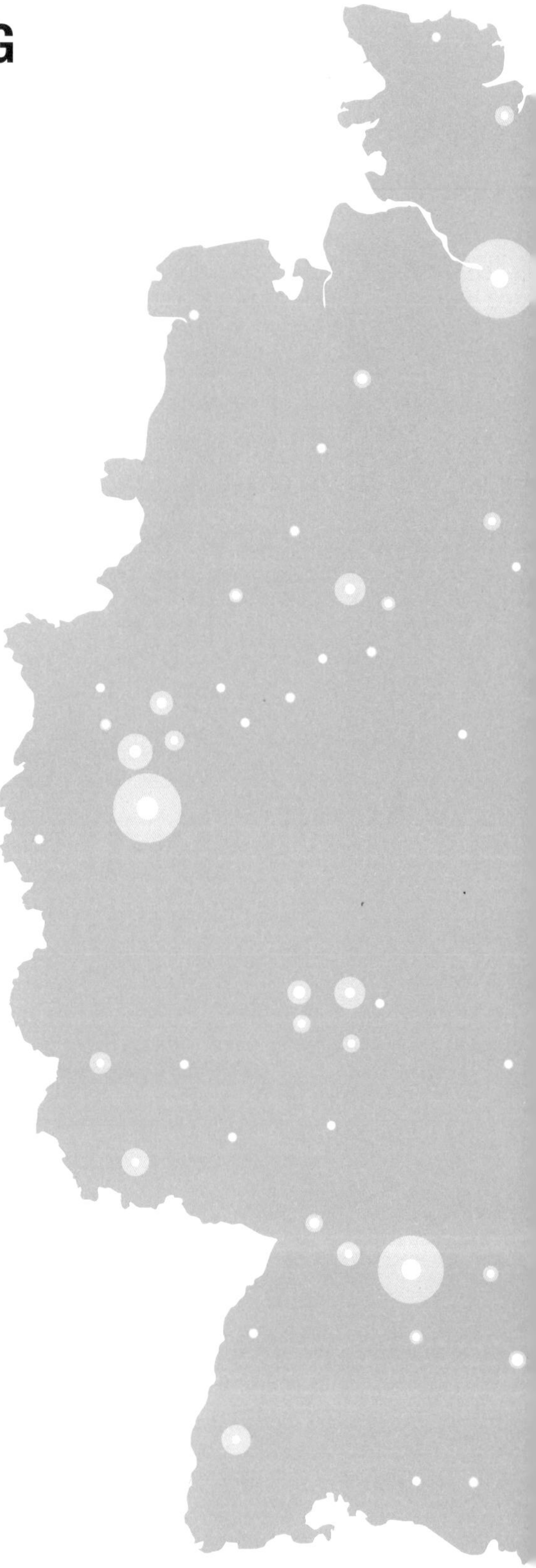

Aachen • Fachhochschule Aachen • **Ansbach** • Hochschule für Angewandte Wissenschaften Ansbach • **Augsburg** • Hochschule für Angewandte Wissenschaften Augsburg • **Berlin** • Technische Universität Berlin; Hochschule für Technik und Wirtschaft Berlin; Universität der Künste Berlin; Weißensee Kunsthochschule Berlin; SRH Berlin University of Applied Sciences; BSP Business & Law School Berlin; Berlin International University of Applied Sciences; CODE University of Applied Sciences; Hochschule Macromedia; Hochschule für Medien, Kommunikation und Wirtschaft HKMW; mdh Mediadesign Hochschule; University of Europe for Applied Sciences; Hochschule Fresenius; AMD Akademie Mode & Design • **Bielefeld** • Fachhochschule Bielefeld; Fachhochschule des Mittelstands (FHM) • **Brandenburg an der Havel** • Technische Hochschule Brandenburg • **Braunschweig** • Hochschule für bildende Künste Braunschweig • **Bremen** • Universität Bremen; Hochschule für Künste Bremen • **Coburg** • Hochschule für Angewandte Wissenschaften Coburg • **Darmstadt** • Hochschule Darmstadt • **Deggendorf** • Technische Hochschule Deggendorf • **Dessau** • Hochschule Anhalt • **Detmold** • Technische Hochschule Ostwestfalen-Lippe • **Dortmund** • Fachhochschule Dortmund • **Dresden** • Fachhochschule Dresden; Hochschule für Technik und Wirtschaft Dresden; Hochschule für bildende Künste Dresden • **Düsseldorf** • Hochschule Düsseldorf; mdh Mediadesign Hochschule; AMD Akademie Mode & Design • **Emden** • Hochschule Emden-Leer • **Essen** • Folkwang Universität der Künste; Hochschule der bildenden Künste HBK Essen • **Flensburg** • Hochschule Flensburg • **Frankfurt** • Hochschule Macromedia; Hochschule für Medien, Kommunikation und Wirtschaft HKMW • **Freiburg** • Hochschule Macromedia • **Halle** • Burg Giebichenstein Kunsthochschule Halle • **Hamburg** • Hochschule für Angewandte Wissenschaften Hamburg; Brand University of Applied Sciences Hamburg; Hochschule Macromedia; University of Europe for Applied Sciences; Hochschule Fresenius; AMD Akademie Mode & Design • **Hannover** • Hochschule Hannover • **Hildesheim** • Hochschule für angewandte Wissenschaft und Kunst, Hildesheim, Holzminden, Göttingen • **Idar-Oberstein** • Hochschule Trier • **Ingolstadt** • Technische Hochschule Ingolstadt • **Iserlohn** • Fachhochschule Südwestfalen • **Kaiserslautern** • Hochschule Kaiserslauter • **Kamp-Lintfort** • Hochschule Rhein-Waal • **Karlsruhe** • Hochschule Karlsruhe; Staatliche Hochschule für Gestaltung Karlsruhe • **Kassel** • Universität Kassel/Kunsthochschule Kassel • **Kiel** • Muthesius Hochschule Kiel • **Köln** • Technische Hochschule Köln; Rheinische Fachhochschule Köln; Hochschule Macromedia; Hochschule für Medien, Kommunikation und Wirtschaft HKMW; Hochschule Fresenius • **Konstanz** • Hochschule Konstanz HTWG

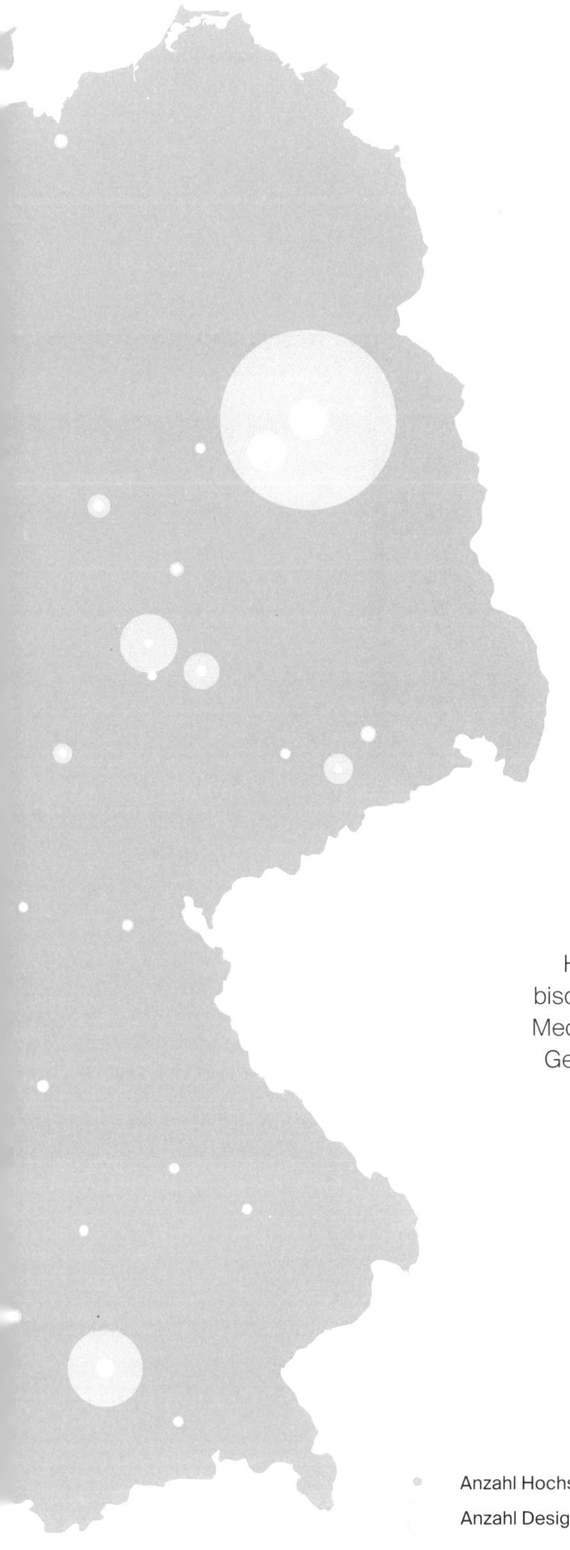

• **Krefeld** • Hochschule Niederrhein • **Leipzig** • Hochschule für Grafik und Buchkunst Academy of Fine Arts Leipzig; Hochschule Macromedia • **Lippstadt** • Hochschule Hamm-Lippstadt • **Lübeck** • Technische Hochschule Lübeck • **Magdeburg** • Hochschule Magdeburg-Stendal; Otto-von-Guericke-Universität Magdeburg • **Mainz** • Hochschule Mainz • **Mannheim** • Hochschule Mannheim • **Merseburg** • Hochschule Merseburg • **Mittweida** • Hochschule Mittweida • **Münchberg** • Hochschule für Angewandte Wissenschaften Hof • **München** • Ludwig-Maximilians-Universität München; Hochschule für Angewandte Wissenschaften München; Hochschule Macromedia; mdh Mediadesign Hochschule; Hochschule Fresenius; AMD Akademie Mode & Design • **Münster** • Fachhochschule Münster • **Nürnberg** • Technische Hochschule Nürnberg Georg Simon Ohm; Akademie der Bildenden Künste Nürnberg • **Offenbach** • Hochschule für Gestaltung Offenbach • **Offenburg** • Hochschule für Technik, Wirtschaft und Medien Offenburg • **Osnabrück** • Hochschule Osnabrück • **Paderborn** • Universität Paderborn • **Pforzheim** • Hochschule Pforzheim • **Potsdam** • Fachhochschule Potsdam; Filmuniversität Babelsberg Konrad Wolf; University of Europe for Applied Sciences • **Ravensburg** • Duale Hochschule Baden-Württemberg • **Regensburg** • Ostbayerische Technische Hochschule Regensburg • **Reutlingen** • Hochschule Reutlingen • **Rosenheim** • Technische Hochschule Rosenheim • **Saarbrücken** • Hochschule der Bildenden Künste Saar • **Salzgitter** • Ostfalia Hochschule für angewandte Wissenschaften • **Schneeberg** • Westsächsische Hochschule Zwickau • **Schwäbisch Gmünd** • Hochschule für Gestaltung Schwäbisch Gmünd • **Soest** • Fachhochschule Südwestfalen • **Stuttgart** • Hochschule der Medien Stuttgart; Hochschule für Technik Stuttgart; Merz Akademie – Hochschule für Gestaltung, Kunst und Medien Stuttgart; Staatliche Akademie der Bildenden Künste Stuttgart; Hochschule für Kommunikation und Gestaltung Stuttgart/Ulm; Media Akademie Hochschule Stuttgart; Hochschule Macromedia • **Trier** • Hochschule Trier • **Ulm** • Technische Hochschule Ulm; Hochschule für Kommunikation und Gestaltung Stuttgart/Ulm; Hochschule für Angewandte Wissenschaften Neu-Ulm • **Vechta** • Universität Vechta • **Weimar** • Bauhaus Universität Weimar • **Wernigerode** • Hochschule Harz • **Wiesbaden** • Hochschule RheinMain; Hochschule Fresenius; AMD Akademie Mode & Design • **Wismar** • Hochschule Wismar • **Wuppertal** • Bergische Universität Wuppertal • **Würzburg** • Hochschule für angewandte Wissenschaften Würzburg-Schweinfurt • **Deutschlandweit/Fernstudiengang** • IU Internationale Hochschule; SRH Fernhochschule; Diploma Hochschule •

Anzahl Hochschulen je Ort

Anzahl Designstudiengänge je Ort

Abb. 046 Hochschulen in Deutschland mit Designstudiengängen

STUDIENGANGSFINDER

SUCHMASCHINE FÜR ALLE DESIGNSTUDIENGÄNGE IN DEUTSCHLAND

Wenn man in Deutschland Design studieren möchte: Wo wird das Studium angeboten? Welche Studiengänge gibt es? Wie verlaufen sie, welche Inhalte werden vermittelt? Handelt es sich um Vorlesungen, praktische Übungen oder Seminare? Wie lange dauert das Studium, welche Kosten entstehen? Wodurch unterscheiden sich gleichlautende Studiengänge, wodurch unterscheiden sich die Hochschulen?

Diese und viele weitere Fragen stellen sich junge Menschen, wenn sie Interesse am Designstudium haben.

Bisher gab es keinen Überblick über sämtliche Designstudiengänge in Deutschland. Bei der Datenerhebung für die hier veröffentlichte Public-Value-Studie hat sich eine Sammlung umfangreicher Informationen ergeben.

Auf der Website der iF Design Foundation wird diese Datenbank veröffentlicht. Sie ist auch direkt erreichbar unter www.designstudium.org

Interessierte können hier nach Hochschulen, Orten, Studiengängen und unterschiedlichen Designdisziplinen recherchieren. Die Ergebnisse sind nicht gewichtet. Die aufgeführten Links leiten direkt zu den Hochschulen bzw. zu den Studiengängen weiter.

Das Ziel besteht darin, den Zugang zum Designstudium in Deutschland zu vereinfachen und die öffentlich vorhandenen Informationen im Sinne der Transparenz verfügbar zu machen.

↳ www.designstudium.org

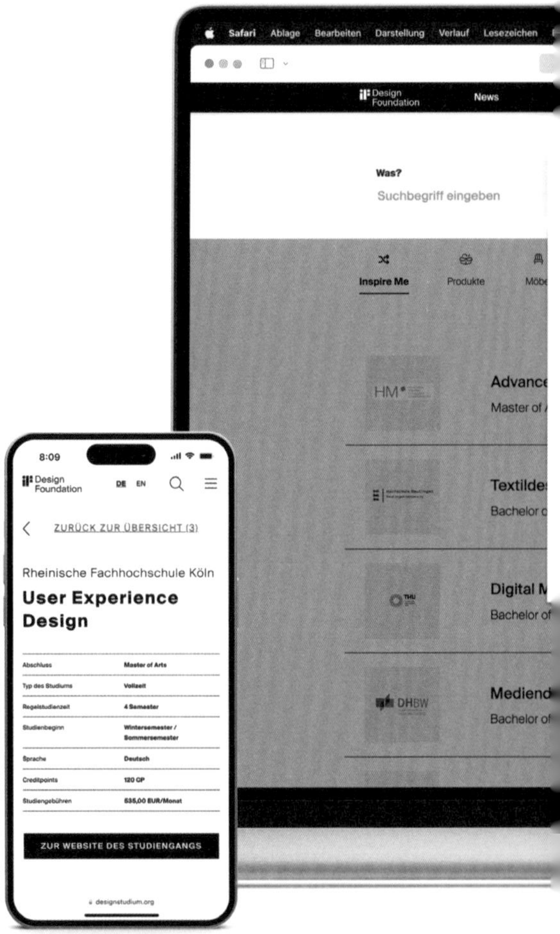

Abb. 047 Screenshot des Studiengangsfinders, 2023

Trotz sorgfältiger Recherche ist es möglich, dass die Datenbank noch unvollständig ist. Wir aktualisieren den Studiengangsfinder fortlaufend und freuen uns über jeden Hinweis zur Ergänzung und Korrektur an: redaktion@if-designfoundation.org

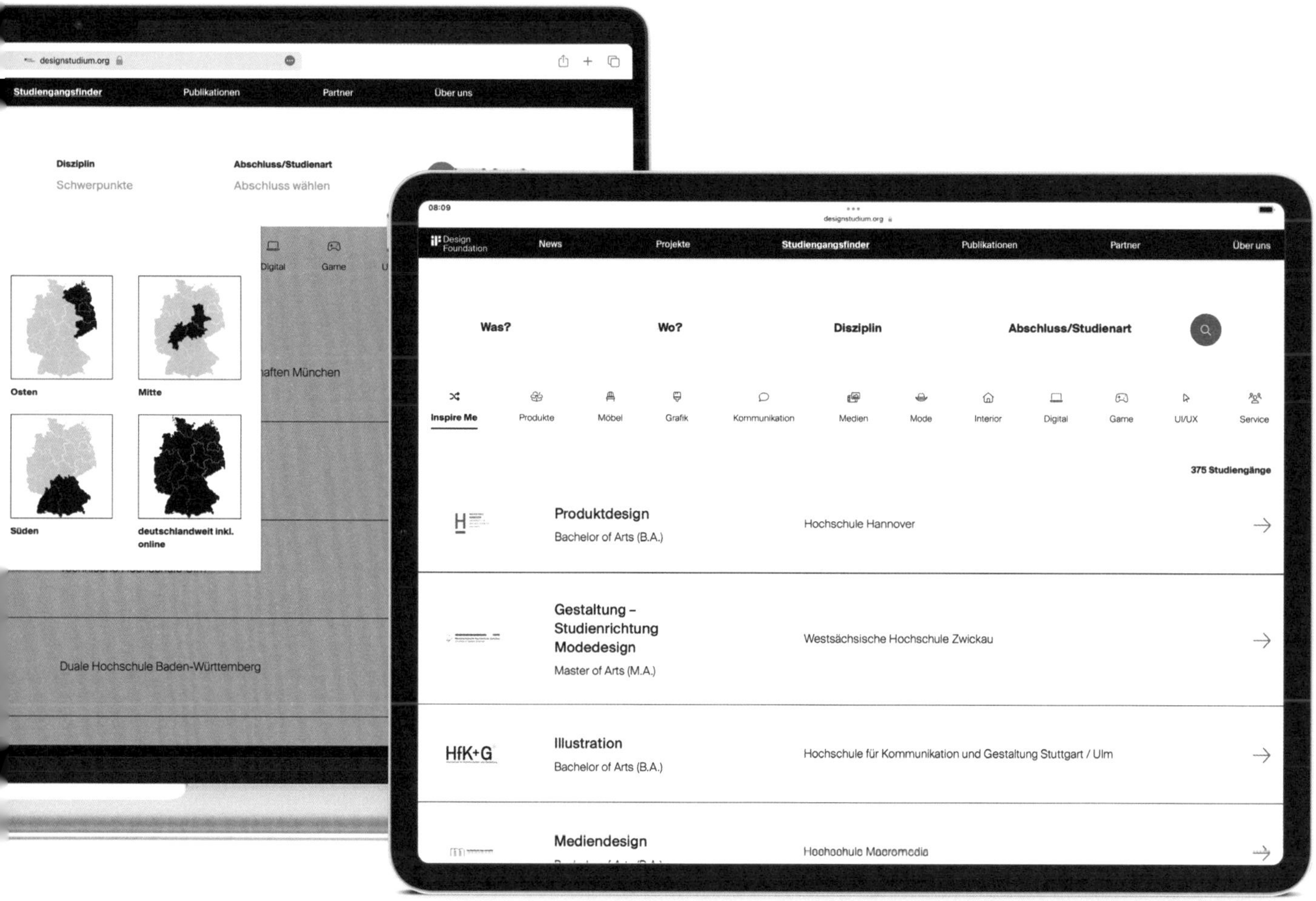
designstudium.org
Studiengangsfinder
Publikationen
Partner
Über uns
Disziplin
Schwerpunkte
Abschluss/Studienart
Abschluss wählen
Digital
Game
Osten
Mitte
Süden
deutschlandweit inkl. online
aften München
Duale Hochschule Baden-Württemberg
08:09
designstudium.org
Design Foundation
News
Projekte
Studiengangsfinder
Publikationen
Partner
Über uns
Was?
Wo?
Disziplin
Abschluss/Studienart
Inspire Me
Produkte
Möbel
Grafik
Kommunikation
Medien
Mode
Interior
Digital
Game
UI/UX
Service
375 Studiengänge
Produktdesign
Bachelor of Arts (B.A.)
Hochschule Hannover
Gestaltung – Studienrichtung Modedesign
Master of Arts (M.A.)
Westsächsische Hochschule Zwickau
HfK+G
Illustration
Bachelor of Arts (B.A.)
Hochschule für Kommunikation und Gestaltung Stuttgart / Ulm
Mediendesign
Hochschule Macromedia

PRAKTIKEN IM DESIGN

DIE DESIGNSTUDIENGÄNGE AN DEUTSCHEN HOCHSCHULEN AUF EINEN BLICK

Bei Redaktionsschluss enthielt die Datenbank des Studiengangsfinders 375 Designstudiengänge an 101 Hochschulen in Deutschland. Wie lassen sie sich in sinnvolle Gruppen einteilen?

Während der Arbeit an der Veröffentlichung des Studiengangsfinders entwickelten Eva Müller und Steven Stannard ein kompaktes Schaubild, das einen schnellen Überblick über alle Designstudiengänge erlaubt. Der Ausgangspunkt ist die berufliche Designpraxis: Worauf zielt das jeweilige Designstudium ab?

Im Kern der Praxis lassen sich drei Felder benennen: die Gestaltung von Botschaften (z. B. Kommunikationsdesign), die Gestaltung von Dingen (z. B. Produktdesign) und die Gestaltung von bedeutungsvollen Zusammenhängen, also übergreifenden Systemen.

Diese drei Felder fächern sich in Gruppen auf: Dinge können industrielle Produkte oder Möbel sein, aber auch Mode. Botschaften können Illustrationen oder Fotos sein.

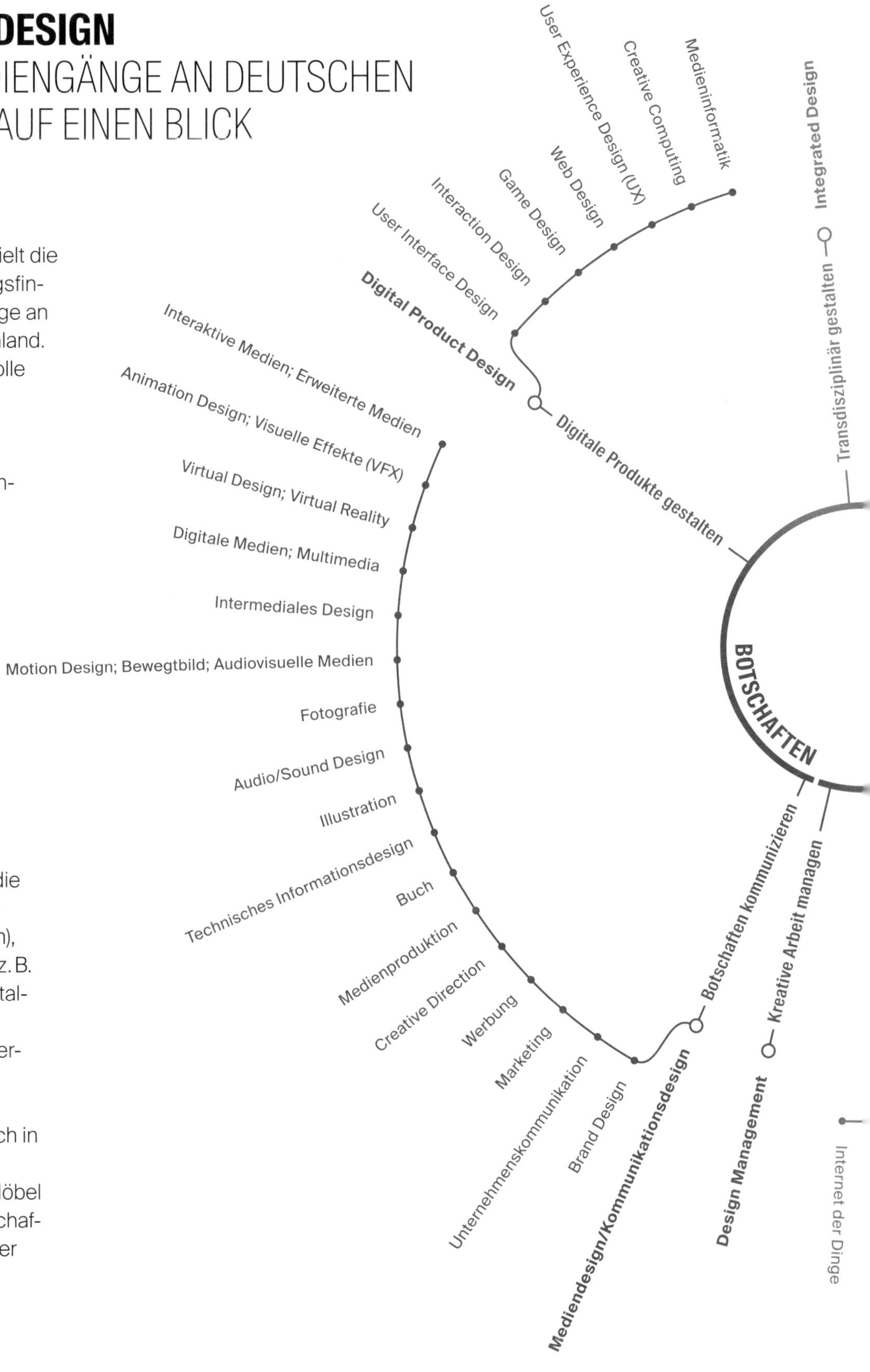

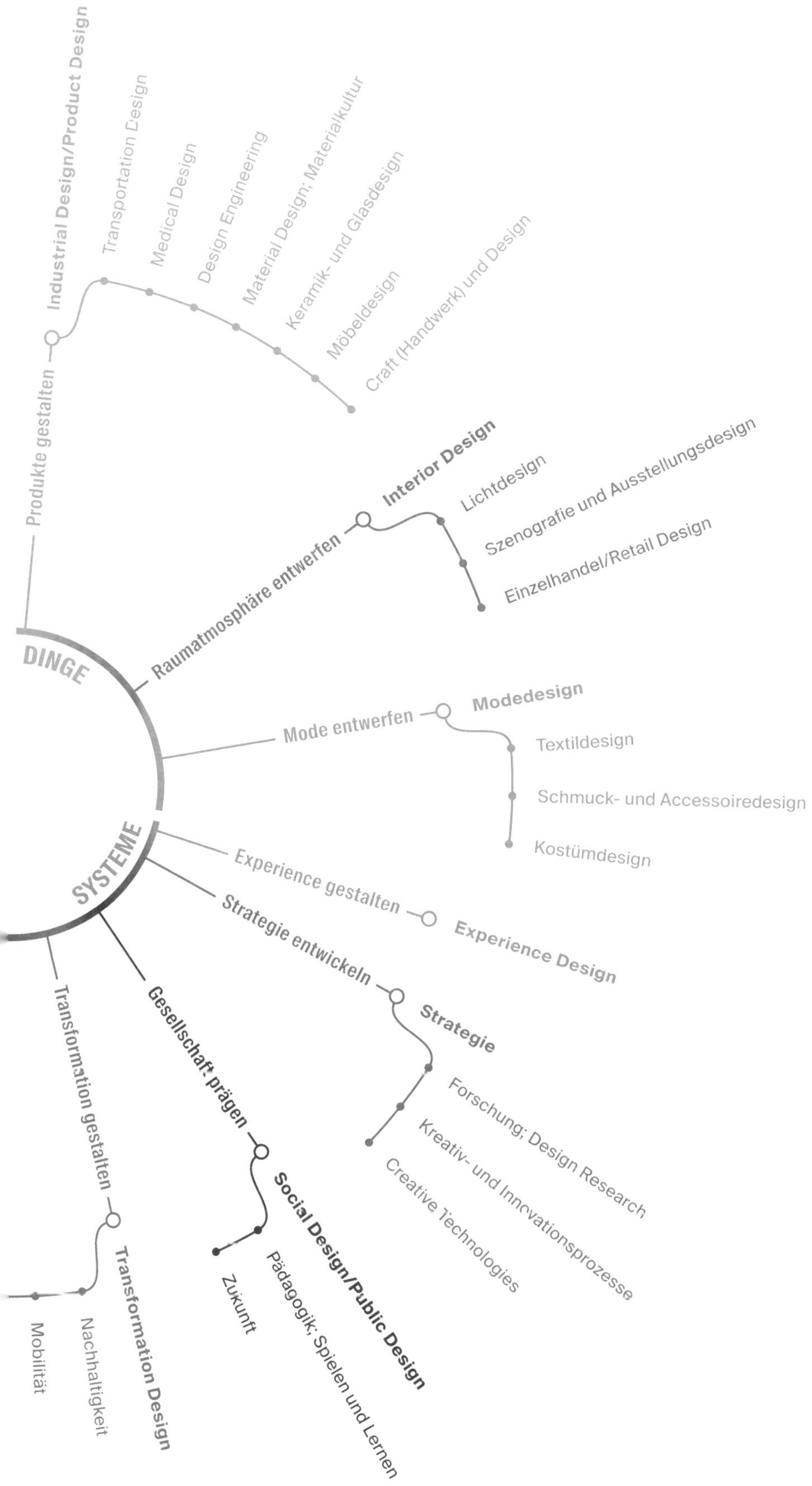

Mit Systemen können beispielsweise User Experience oder Strategien gemeint sein. Den Gruppen sind dann die konkreten, vielfach spezialisierten Studiengänge zugeordnet. Sie befinden sich in der Darstellung auf dem äußeren Kreis.

Natürlich kann auch dieses Modell die Wirklichkeit nicht völlig trennscharf und widerspruchsfrei abbilden. Dennoch glauben wir, dass diese Visualisierung für alle Studieninteressierten eine zusätzliche Hilfe ist, um sich im breiten Spektrum der Designpraktiken besser zurechtzufinden, so dass der Studiengang, der zu den eigenen Berufsvorstellungen passt, leichter identifiziert werden kann.

Abb. 048 Praktiken im Design

PRAKTIKEN IM DESIGN
LISTE ALLER DESIGNSTUDIENGÄNGE AN DEUTSCHEN HOCHSCHULEN

BOTSCHAFTEN

MEDIENDESIGN/KOMMUNIKATIONSDESIGN

- Bildende Kunst mit Schwerpunkt Grafik-Design/Kommunikationsdesign, Dipl. (Akademie der Bildenden Künste Nürnberg)
- Brand Design – Studienschwerpunkt Kommunikationsdesign, B.A. (Brand University of Applied Sciences Hamburg)
- Cross Media, M.A. (Hochschule Magdeburg-Stendal)
- Design, B.A. (Technische Hochschule Nürnberg)
- Design und Information, M.A. (Hochschule für angewandte Wissenschaften Würzburg-Schweinfurt)
- Design und Medien, M.A. (Hochschule Hannover)
- Design, Studienrichtung Kommunikationsdesign, B.A. (Hochschule für Angewandte Wissenschaften München)
- Gestaltung – Fachrichtung Kommunikationsdesign, B.A. (Fachhochschule Bielefeld)
- Gestaltung – Fachrichtung Kommunikationsdesign (dreisemestrig), M.A. (Fachhochschule Bielefeld)
- Gestaltung – Fachrichtung Kommunikationsdesign (viersemestrig), M.A. (Fachhochschule Bielefeld)
- Gestaltung, Kunst und Medien, B.A. (Merz Akademie Hochschule für Gestaltung, Kunst und Medien Stuttgart)
- Grafikdesign Screen- & Printmedia, B.A. (Fachhochschule Dresden)
- Grafikdesign und Visuelle Kommunikation, B.A. (Berlin International University of Applied Sciences)
- Grafikdesign und Visuelle Kommunikation, B.A. (Hochschule für Medien, Kommunikation und Wirtschaft HKMW)
- Graphic Design and Visual Communication, B.A. (Hochschule für Medien, Kommunikation und Wirtschaft HKMW)
- Information and Communication Design, B.A. (Hochschule Rhein-Waal)
- Informationsdesign, B.A. (Hochschule der Medien Stuttgart)
- Informationsdesign und Medienmanagement, M.A. (Hochschule Merseburg)
- Intermedia Design, B.A. (Hochschule Trier)
- Intermedia Design, M.A. (Hochschule Trier)
- Kommunikation- und Medienmanagement, B.A. (Hochschule Karlsruhe)
- Kommunikationsdesign, B.A. (Burg Giebichenstein Kunsthochschule Halle)
- Kommunikationsdesign, B.A. (Fachhochschule Aachen)
- Kommunikationsdesign, B.A. (Fachhochschule Potsdam)
- Kommunikationsdesign, B.A. (Folkwang Universität der Künste Essen)
- Kommunikationsdesign, B.A. (Hochschule der Bildenden Künste Saar)

- Kommunikationsdesign, B.A. (Hochschule Düsseldorf)
- Kommunikationsdesign, B.A. (Hochschule für Angewandte Wissenschaften Augsburg)
- Kommunikationsdesign, B.A. (Hochschule für Angewandte Wissenschaften Hamburg)
- Kommunikationsdesign, B.A. (Hochschule für Angewandte Wissenschaften Hof)
- Kommunikationsdesign, B.A. (Hochschule für angewandte Wissenschaften Würzburg-Schweinfurt)
- Kommunikationsdesign, B.A. (Hochschule für Kommunikation und Gestaltung Stuttgart/Ulm)
- Kommunikationsdesign, B.A. (Hochschule für Technik und Wirtschaft Berlin)
- Kommunikationsdesign, B.A. (Hochschule Konstanz HTWG)
- Kommunikationsdesign, B.A. (Hochschule Macromedia)
- Kommunikationsdesign, B.A. (Hochschule Mainz)
- Kommunikationsdesign, B.A. (Hochschule Mannheim)
- Kommunikationsdesign, B.A. (Hochschule Niederrhein)
- Kommunikationsdesign, B.A. (Hochschule RheinMain)
- Kommunikationsdesign, B.A. (Hochschule Trier)
- Kommunikationsdesign, B.A. (Muthesius Hochschule Kiel)
- Kommunikationsdesign, B.A. (SRH Berlin University of Applied Sciences)
- Kommunikationsdesign, B.A. (University of Europe for Applied Sciences)
- Kommunikationsdesign, B.A. (IU Internationale Hochschule)
- Kommunikationsdesign, Dipl. (Hochschule Darmstadt)
- Kommunikationsdesign, Dipl. (Hochschule der Bildenden Künste Saar)
- Kommunikationsdesign, Dipl. (Staatliche Akademie der Bildenden Künste Stuttgart)
- Kommunikationsdesign, Dipl. (Staatliche Hochschule für Gestaltung Karlsruhe)
- Kommunikationsdesign, M.A. (Folkwang Universität der Künste Essen)
- Kommunikationsdesign, M.A. (Hochschule der Bildenden Künste Saar)
- Kommunikationsdesign, M.A. (Hochschule Düsseldorf)
- Kommunikationsdesign, M.A. (Hochschule für Angewandte Wissenschaften Hamburg)
- Kommunikationsdesign, M.A. (Hochschule Konstanz HTWG)
- Kommunikationsdesign, M.A. (Hochschule Mainz)
- Kommunikationsdesign, M.A. (Hochschule Mannheim)
- Kommunikationsdesign, M.A. (Hochschule Trier)
- Kommunikationsdesign, M.A. (Muthesius Hochschule Kiel)
- Kommunikationsdesign im Raum, M.A. (Hochschule Mainz)
- Kommunikationsdesign und Kreative Strategien, M.A. (Hochschule für Medien, Kommunikation und Wirtschaft HKMW)
- Kommunikationsdesign und Medien, Dipl. (Hochschule Wismar)
- Kommunikationsgestaltung, B.A. (Hochschule für Gestaltung Schwäbisch Gmünd)
- Kommunikationswissenschaft, B.A. (Ludwig-Maximilians-Universität München)
- Kommunikationswissenschaft, M.A. (Ludwig-Maximilians-Universität München)
- Kunst und Multimedia, B.A. (Ludwig-Maximilians-Universität München)
- Media Art & Design, B.A. (Hochschule der Bildenden Künste Saar)
- Media Art & Design, Dipl. (Hochschule der Bildenden Künste Saar)
- Media Art & Design, M.A. (Hochschule der Bildenden Künste Saar)
- Media Art und Design, M.F.A. (Bauhaus Universität Weimar)
- Media Design, B.A. (mdh Mediadesign Hochschule)
- Medien und Kommunikation, M.A. (SRH Berlin University of Applied Sciences)

- Medien und Kommunikation , M.A./M.Sc. (Hochschule für Technik, Wirtschaft und Medien Offenburg)
- Mediendesign, B.A. (Duale Hochschule Baden-Württemberg)
- Mediendesign, B.A. (Hochschule Hannover)
- Mediendesign, B.A. (Hochschule Macromedia)
- Mediendesign, B.A. (Ostfalia Hochschule für angewandte Wissenschaften)
- Mediendesign, B.A. (Rheinische Fachhochschule Köln)
- Mediendesign, M.A. (Ostfalia Hochschule für angewandte Wissenschaften)
- Mediendesign und Designtechnik (Teilstudiengang), B.A. (Bergische Universität Wuppertal)
- Mediendesign und Designtechnik (Teilstudiengang), M.Ed. (Bergische Universität Wuppertal)
- Medienkunst, Dipl. (Staatliche Hochschule für Gestaltung Karlsruhe)
- Medienkunst/Mediengestaltung, B.F.A. (Bauhaus Universität Weimar)
- Medienkunst/Mediengestaltung, M.F.A. (Bauhaus Universität Weimar)
- Multimedia und Kommunikation, B.A. (Hochschule für Angewandte Wissenschaften Ansbach)
- Visual Strategies and Stories, M.A. (Burg Giebichenstein Kunsthochschule Halle)
- Visualisierung und Interaktion in digitalen Medien , B.A. (Hochschule für Angewandte Wissenschaften Ansbach)
- Visuelle Kommunikation, B.A. (Bauhaus Universität Weimar)
- Visuelle Kommunikation, B.A. (Hochschule für bildende Künste Braunschweig)
- Visuelle Kommunikation, B.A. (Hochschule Pforzheim)
- Visuelle Kommunikation, B.A. (Universität der Künste Berlin)
- Visuelle Kommunikation, B.A. (Weißensee Kunsthochschule Berlin)
- Visuelle Kommunikation, M.A. (Bauhaus Universität Weimar)
- Visuelle Kommunikation, M.A. (Universität der Künste Berlin)
- Visuelle Kommunikation, M.A. (Weißensee Kunsthochschule Berlin)
- Visuelle Kommunikation, M.F.A. (Universität Kassel)

BRAND DESIGN

- Marken- und Kommunikationsdesign, B.A. (Hochschule Fresenius)

MARKETING

- Marketing Management, M.A. (SRH Berlin University of Applied Sciences)
- Marketingkommunikation, B.A. (SRH Berlin University of Applied Sciences)

WERBUNG

- Advertising & Brand Communication, B.A. (SRH Berlin University of Applied Sciences)
- Kommunikationsdesign und Werbung, B.A. (Fachhochschule des Mittelstandes (FHM))
- Werbung und Marktkommuniaktion, B.A. (Hochschule für Kommunikation und Gestaltung Stuttgart/Ulm)

CREATIVE DIRECTION

- Creative Direction, M.A. (Hochschule Pforzheim)

MEDIENPRODUKTION

- Media: Conception & Production, B.A. (Hochschule RheinMain)
- Mediengestaltung Produktion Film Animation Grafik Interaktion, B.A. (Hochschule für Technik, Wirtschaft und Medien Offenburg)
- Medienproduktion, B.A. (Technische Hochschule Ostwestfalen-Lippe)
- Medienproduktion, M.A. (Technische Hochschule Ostwestfalen-Lippe)

BUCH

- Buchkunst/Grafik-Design, Dipl. (Hochschule für Grafik und Buchkunst Leipzig)

TECHNISCHES INFORMATIONSDESIGN

- Technische Redaktion und Informationsdesign, B.A. (Diploma Hochschule)
- Technisches Informationsdesign, B.Eng. (Hochschule Merseburg)

ILLUSTRATION

- Illustration, B.A. (Hochschule für Angewandte Wissenschaften Hamburg)
- Illustration, B.A. (Hochschule für Kommunikation und Gestaltung Stuttgart/Ulm)
- Illustration, B.A. (Hochschule Macromedia)
- Illustration, B.A. (SRH Berlin University of Applied Sciences)
- Illustration, B.A. (University of Europe for Applied Sciences)
- Illustration, M.A. (Hochschule für Angewandte Wissenschaften Hamburg)

AUDIO/SOUND DESIGN

- Audiodesign, B.A. (SRH Berlin University of Applied Sciences)

FOTOGRAFIE

- Design, Studienrichtung Fotodesign, B.A. (Hochschule für Angewandte Wissenschaften München)
- Fotografie, B.A. (Folkwang Universität der Künste Essen)
- Fotografie, M.A. (University of Europe for Applied Sciences)
- Fotografie & Neue Medien, B.A. (University of Europe for Applied Sciences)
- Gestaltung – Fachrichtung Fotografie und Bildmedien, B.A. (Fachhochschule Bielefeld)
- Gestaltung – Fachrichtung Fotografie und Bildmedien (dreisemestrig), M.A. (Fachhochschule Bielefeld)
- Gestaltung – Fachrichtung Fotografie und Bildmedien (viersemestrig), M.A. (Fachhochschule Bielefeld)
- Photography Studies and Practice, M.A. (Folkwang Universität der Künste Essen)

MOTION DESIGN, BEWEGTBILD, AUDIOVISUELLE MEDIEN

- Audiovisuelle Medien, B.Eng. (Hochschule der Medien Stuttgart)
- Audiovisuelle Medien, M.Eng. (Hochschule der Medien Stuttgart)
- Design Audiovisueller Medien (Teilstudiengang), B.A. (Bergische Universität Wuppertal)
- Design, Film & Marketing, M.A. (Hochschule Flensburg)
- Film & Motion Design, B.A. (SRH Berlin University of Applied Sciences)
- Film & Motion Design, B.A. (University of Europe for Applied Sciences)
- Filmmaking, B.A. (Hochschule Macromedia)
- Zeitbasierte Medien, B.A. (Hochschule Mainz)
- Zeitbasierte Medien, M.A. (Hochschule Mainz)

INTERMEDIALES DESIGN

- Intermediales Design, M.A. (Hochschule Anhalt)

DIGITALE MEDIEN, MULTIMEDIA

- Digital Media, B.A. (Technische Hochschule Ulm)
- Digital Media Business, M.A. (Hochschule Macromedia)
- Digital Media Design, B.A. (Hochschule der bildenden Künste Essen)
- Digitale Medien, B.A. (Hochschule Macromedia)
- Digitale Medien, M.Sc. (Technische Hochschule Brandenburg)
- Gestaltung – Fachrichtung Digital Media and Experiment, B.A. (Fachhochschule Bielefeld)

- Gestaltung – Fachrichtung Digital Media und Experiment (dreisemestrig), M.A. (Fachhochschule Bielefeld)
- Gestaltung – Fachrichtung Digital Media und Experiment (viersemestrig), M.A. (Fachhochschule Bielefeld)
- Multimedia Design, M.A. (Burg Giebichenstein Kunsthochschule Halle)
- New Media Design, M.A. (University of Europe for Applied Sciences)

VIRTUAL DESIGN, VIRTUAL REALITY

- Multimedia VR-Design, B.A. (Burg Giebichenstein Kunsthochschule Halle)
- Virtual Design, B.A. (Hochschule Kaiserslautern)
- Virtual Design, M.A. (Hochschule Kaiserslautern)

ANIMATION DESIGN, VISUELLE EFFEKTE (VFX)

- Animation, B.A. (Filmuniversität Babelsberg Konrad Wolf)
- Animation, B.A. (Hochschule Macromedia)
- Animation & Game, B.A. (Hochschule Darmstadt)
- Animation & Game Direction, M.A. (Hochschule Darmstadt)
- Animation Design, B.A. (Media Akademie Hochschule Stuttgart)
- Digital Film Design – Animation/VFX, B.A. (mdh Mediadesign Hochschule)

INTERAKTIVE MEDIEN, ERWEITERTE MEDIEN

- Design Interaktiver Medien (Teilstudiengang), B.A. (Bergische Universität Wuppertal)
- Expanded Media, M.A. (Hochschule Darmstadt)
- Interactive Media Design , B.A. (Hochschule Darmstadt)
- Interaktive Medien, B.A./B.Sc. (Hochschule für Angewandte Wissenschaften Augsburg)
- Interaktive Mediensysteme, M.A. (Hochschule für Angewandte Wissenschaften Augsburg)

DIGITAL PRODUCT DESIGN

- Brand Design – Studienschwerpunkt Digital Design, B.A. (Brand University of Applied Sciences Hamburg)
- Design in der digitalen Gesellschaft, B.A. (Hochschule für bildende Künste Braunschweig)
- Digital Fabrication Design, B.A. (Hochschule der bildenden Künste Essen)
- Products and Interactions, M.A. (Hochschule für Technik und Wirtschaft Dresden)
- Produkt- und Kommunikationsdesign, B.A. (Hochschule für Technik und Wirtschaft Dresden)

USER INTERFACE DESIGN

- Industriedesign/Interface Design, M.A. (Muthesius Hochschule Kiel)
- Interface Design, B.A. (Fachhochschule Potsdam)
- UI/UX Design, B.A. (Hochschule Macromedia)

INTERACTION DESIGN

- Design and Interaction, M.A. (Hochschule Rhein-Waal)
- Interaction Design, B.A. (CODE University of Applied Sciences)
- Interaction Design, M.A. (Hochschule Magdeburg-Stendal)
- Interaktionsgestaltung, B.A. (Hochschule für Gestaltung Schwäbisch Gmünd)
- Media und Interaction Design, B.A. (Hochschule Osnabrück)

GAME DESIGN

- Digital Games, B.A. (Technische Hochschule Köln)
- Digital Games, M.A. (Technische Hochschule Köln)
- Game Art and Design, B.A. (Hochschule der bildenden Künste Essen)
- Game Design, B.A. (Hochschule für Technik und Wirtschaft Berlin)

- Game Design, B.A. (Hochschule Macromedia)
- Game Design, B.A. (Media Akademie Hochschule Stuttgart)
- Game Design, B.A. (University of Europe for Applied Sciences)
- Game Design, B.Sc. (mdh Mediadesign Hochschule)
- Game Design und Interaktive Medien, B.A. (Hochschule für Medien, Kommunikation und Wirtschaft HKMW)
- Medien- und Spielekonzeption, M.A. (Hochschule Harz)

USER EXPERIENCE DESIGN (UX)

- User Experience Design, B.Sc. (Technische Hochschule Ingolstadt)
- User Experience Design, M.A. (Rheinische Fachhochschule Köln)
- UX/UI Design, B.A. (University of Europe for Applied Sciences)

CREATIVE COMPUTING

- Creative Computing, M.A. (University of Europe for Applied Sciences)
- Design & Computation, M.A. (Universität der Künste Berlin)
- Design & Computation , M.A. (Technische Universität Berlin)

MEDIENINFORMATIK

- Computervisualistik, B.Sc. (Otto-von-Guericke-Universität Magdeburg)
- Computervisualistik (Dual), B.Sc. (Otto-von-Guericke-Universität Magdeburg)
- Computervisualistik und Design, B.Sc. (Hochschule Hamm-Lippstadt)
- Informatik und Design, B.Sc. (Hochschule für Angewandte Wissenschaften München)
- Informationstechnologie und Design, B.Sc. (Technische Hochschule Lübeck)
- Mediendesigninformatik, B.Sc. (Hochschule Hannover)
- Medieninformatik/Film, B.A. (Hochschule Flensburg)
- Medieninformatik & Mediendesign, B.A. (Fachhochschule Dresden)
- Medieninformatik und Interaktives Entertainment, B.Sc. (Hochschule Mittweida)

INTEGRATED DESIGN

- Integrated Design, M.A. (Hochschule Anhalt)
- Integrated Design, M.Eng. (Technische Hochschule Ostwestfalen-Lippe)
- Integrated Design/European Studies in Design, B.A. (Technische Hochschule Köln)
- Integrated Design/Integrated Studies in Design, B.A. (Technische Hochschule Köln)
- Integriertes Design, B.A. (Hochschule Anhalt)
- Integriertes Design, B.A. (Hochschule für Künste Bremen)
- Integriertes Design, M.A. (Hochschule für Künste Bremen)

DINGE

INDUSTRIAL DESIGN/PRODUCT DESIGN

- Design, Dipl. (Hochschule für Gestaltung Offenbach)
- Design, Studienrichtung Industriedesign, B.A. (Hochschule für Angewandte Wissenschaften München)
- Industrial Design, B.A. (Bergische Universität Wuppertal)
- Industrial Design, B.A. (Hochschule für Technik und Wirtschaft Berlin)
- Industrial Design, B.A. (Hochschule Magdeburg-Stendal)
- Industrial Design, B.A. (Hochschule Pforzheim)
- Industrial Design, B.A. (Media Akademie Hochschule Stuttgart)
- Industrial Design, Dipl. (Staatliche Akademie der Bildenden Künste Stuttgart)
- Industrial Design, M.A. (Burg Giebichenstein Kunsthochschule Halle)
- Industriedesign, B.A. (Muthesius Hochschule Kiel)
- Industriedesign, B.A. (Ostbayerische Technische Hochschule Regensburg)
- Industriedesign, Dipl. (Hochschule Darmstadt)
- Industriedesign – Studienrichtung Industriedesign, B.A. (Burg Giebichenstein Kunsthochschule Halle)
- Integriertes Produktdesign, B.A. (Hochschule der Medien Stuttgart)
- Integriertes Produktdesign, B.A. (Hochschule für Angewandte Wissenschaften Coburg)
- Product Design, B.A. (Folkwang Universität der Künste Essen)
- Product Design, M.A. (Universität der Künste Berlin)
- Produkt Design, B.A. (Hochschule Fresenius)
- Produkt Design, B.A. (Weißensee Kunsthochschule Berlin)
- Produkt Design, M.A. (Weißensee Kunsthochschule Berlin)
- Produkt- und Objektdesign, B.A. (Hochschule Niederrhein)
- Produktdesign, B.A. (IU Internationale Hochschule)
- Produktdesign, B.A. (Bauhaus Universität Weimar)
- Produktdesign, B.A. (Fachhochschule Aachen)
- Produktdesign, B.A. (Fachhochschule Potsdam)
- Produktdesign, B.A. (Hochschule der Bildenden Künste Saar)
- Produktdesign, B.A. (Hochschule Hannover)
- Produktdesign, B.A. (Universität der Künste Berlin)
- Produktdesign, Dipl. (Hochschule der Bildenden Künste Saar)
- Produktdesign, Dipl. (Staatliche Hochschule für Gestaltung Karlsruhe)
- Produktdesign, Dipl. (Universität Kassel)
- Produktdesign, M.A. (Bauhaus Universität Weimar)
- Produktesign, M.A. (Hochschule der Bildenden Künste Saar)
- Produktgestaltung, B.A. (Hochschule für Gestaltung Schwäbisch Gmünd)
- Technisches Design, B.Eng (Technische Hochschule Deggendorf)
- Technisches Design, B.Sc. (Technische Hochschule Ingolstadt)

TRANSPORTATION DESIGN

- Transportation Design, B.A. (Hochschule Pforzheim)
- Transportation Design, M.A. (Hochschule Pforzheim)
- Transportation Interior Design, B.A. (Hochschule Reutlingen)

MEDICAL DESIGN

- Industriedesign/Medical Design, M.A. (Muthesius Hochschule Kiel)

DESIGN ENGINEERING

- Engineering Design, M.A. (Hochschule Magdeburg-Stendal)
- Integrated Design Engineering, M.Sc. (Otto-von-Guericke-Universität Magdeburg)
- Integrierte Produktentwicklung, M.Eng. (Fachhochschule Südwestfalen)
- Maschinenbau & Design – Studienrichtung Produktentwicklung & Design, B.Eng. (Hochschule Emden-Leer)
- Produktentwicklung/Konstruktion, B.Eng. (Fachhochschule Südwestfalen)

MATERIAL DESIGN, MATERIALKULTUR

- Material Culture Design, M.A. (Hochschule Wismar)
- Materialdesign – Bionik und Photonik, B.Sc. (Hochschule Hamm-Lippstadt)

KERAMIK- UND GLASDESIGN

- Industriedesign – Studienrichtung Produktdesign/Keramik- und Glasdesign, B.A. (Burg Giebichenstein Kunsthochschule Halle)
- Product Design and Applied Art (Porcelain, Ceramics and Glass), M.A. (Burg Giebichenstein Kunsthochschule Halle)

MÖBELDESIGN

- Furniture and Interior Design, M.A. (Burg Giebichenstein Kunsthochschule Halle)
- Gestaltung – Studienrichtung Holzgestaltung/Möbel- und Produktdesign, B.A. (Westsächsische Hochschule Zwickau)
- Gestaltung – Studienrichtung Holzgestaltung/Möbel- und Produktdesign, M.A. (Westsächsische Hochschule Zwickau)

CRAFT (HANDWERK) UND DESIGN

- Craft Design, B.A. (Diploma Hochschule)
- New Craft Object Design, B.A. (Hochschule Düsseldorf)
- New Craft Object Design, M.A. (Hochschule Düsseldorf)

INTERIOR DESIGN

- Innenarchitektur, B.A. (Burg Giebichenstein Kunsthochschule Halle)
- Innenarchitektur, B.A. (Hochschule Mainz)
- Innenarchitektur, B.A. (Hochschule Trier)
- Innenarchitektur, M.A. (Hochschule Trier)
- Innenarchitektur und Möbeldesign, B.A. (Technische Hochschule Rosenheim)
- Interior Architecture, M.A. (Burg Giebichenstein Kunsthochschule Halle)
- Interior Design, B.A. (Hochschule Fresenius)
- Interior Design, M.A. (Berlin International University of Applied Sciences)
- Interior-Architectural Design, M.A. (Hochschule für Technik Stuttgart)

LICHTDESIGN

- Architectural Lighting Design, M.A. (Hochschule Wismar)

SZENOGRAFIE UND AUSSTELLUNGSDESIGN

- Ausstellungsdesign und Szenografie, Dipl. (Staatliche Hochschule für Gestaltung Karlsruhe)
- Exhibition Design, M.A. (Hochschule Düsseldorf)
- Objekt- und Raumdesign, Szenografie, B.A. (Fachhochschule Dortmund)
- Szenografie/Interior Design, B.A. (Muthesius Hochschule Kiel)
- Szenografie/Kostüm/Experimentelle Gestaltung, B.A. (Hochschule Hannover)
- Szenografie/Spatial Strategies, M.A. (Muthesius Hochschule Kiel)

EINZELHANDEL/RETAIL DESIGN

- Retail Design, B.A. (Hochschule Düsseldorf)

MODEDESIGN

- Conceptual Fashion Design, M.A. (Burg Giebichenstein Kunsthochschule Halle)
- Design, M.A. (Hochschule Reutlingen)
- Fashion Design, B.A. (Hochschule Fresenius)
- Fashion Design, M.A. (Universität der Künste Berlin)
- Gestaltung – Fachrichtung Mode, B.A. (Fachhochschule Bielefeld)
- Gestaltung – Fachrichtung Mode (dreisemestrig), M.A. (Fachhochschule Bielefeld)
- Gestaltung – Fachrichtung Mode (viersemestrig), M.A. (Fachhochschule Bielefeld)
- Gestaltung – Studienrichtung Modedesign, B.A. (Westsächsische Hochschule Zwickau)
- Gestaltung – Studienrichtung Modedesign, M.A. (Westsächsische Hochschule Zwickau)
- Mode, B.A. (Hochschule Pforzheim)
- Mode Design, B.A. (Hochschule Fresenius)
- Mode Design, B.A. (Weißensee Kunsthochschule Berlin)
- Mode Design, M.A. (Weißensee Kunsthochschule Berlin)
- Mode-, Kostüm- und Textildesign , M.A. (Hochschule für Angewandte Wissenschaften Hamburg)
- Mode-Textil-Design, B.A. (Universität Paderborn)
- Modedesign, B.A. (Hochschule für Technik und Wirtschaft Berlin)
- Modedesign, B.A. (Hochschule Hannover)
- Modedesign, B.A. (Hochschule Macromedia)
- Modedesign, B.A. (Hochschule Trier)
- Modedesign, B.A. (Universität der Künste Berlin)
- Modedesign, M.A. (Hochschule für Technik und Wirtschaft Berlin)
- Modedesign, M.A. (Hochschule Trier)
- Modedesign – Studienrichtung Mode, B.A. (Burg Giebichenstein Kunsthochschule Halle)
- Modedesign/Kostümdesign/Textildesign, Studienrichtung Modedesign, B.A. (Hochschule für Angewandte Wissenschaften Hamburg)
- Sustainable Fashion, B.A. (BSP Business & Law School Berlin)

TEXTILDESIGN

- Conceptual Textile Design, M.A. (Burg Giebichenstein Kunsthochschule Halle)
- Gestaltung – Studienrichtung Textilkunst/Textildesign, B.A. (Westsächsische Hochschule Zwickau)
- Gestaltung – Studienrichtung Textilkunst/Textildesign, M.A. (Westsächsische Hochschule Zwickau)
- Modedesign – Studienrichtung Textil, B.A. (Burg Giebichenstein Kunsthochschule Halle)
- Modedesign/Kostümdesign/Textildesign, Studienrichtung Textildesign, B.A. (Hochschule für Angewandte Wissenschaften Hamburg)

- Textil- und Flächen Design, B.A. (Weißensee Kunsthochschule Berlin)
- Textil- und Flächen Design, M.A. (Weißensee Kunsthochschule Berlin)
- Textildesign, B.A. (Hochschule für Angewandte Wissenschaften Hof)
- Textildesign, Dipl. (Staatliche Akademie der Bildenden Künste Stuttgart)
- Textildesign/Modedesign, B.A. (Hochschule Reutlingen)

SCHMUCK- UND ACCESSOIREDESIGN

- Accessoire Design, B.A. (Hochschule Pforzheim)
- Design – Produkt und Schmuck, B.A. (Hochschule Wismar)
- Edelstein und Schmuck, B.F.A. (Hochschule Trier)
- Gemstones and Jewellery, M.F.A. (Hochschule Trier)
- Schmuck, B.A. (Hochschule Pforzheim)

KOSTÜMDESIGN

- Costume and Make-up Design, B.A. (BSP Business & Law School Berlin)
- Modedesign/Kostümdesign/Textildesign, Studienrichtung Kostümdesign, B.A. (Hochschule für Angewandte Wissenschaften Hamburg)
- Theaterdesign – Studienrichtung Kostümdesign, Dipl. (Hochschule für bildende Künste Dresden)

SYSTEME

EXPERIENCE DESIGN

- Visual & Experience Design, M.A. (University of Europe for Applied Sciences)

STRATEGIE

- Produktdesign und Prozessentwicklung, M.Sc. (Technische Hochschule Köln)
- Strategic Design, M.A. (SRH Berlin University of Applied Sciences)
- Strategische Gestaltung, M.A. (Hochschule für Gestaltung Schwäbisch Gmünd)
- Strategische Produkt- und Innovationsentwicklung, M.A. (Bergische Universität Wuppertal)
- System Design, M.A. (Hochschule für Technik und Wirtschaft Berlin)

FORSCHUNG, DESIGN RESEARCH

- Design Research, M.Sc. (Hochschule Anhalt)
- Design Studies, M.A. (Burg Giebichenstein Kunsthochschule Halle)
- Integrated Design Research, M.A. (Technische Hochschule Köln)
- Research in Design, Art and Media, M.A. (Merz Akademie Hochschule für Gestaltung, Kunst und Medien Stuttgart)

KREATIV- UND INNOVATIONSPROZESSE

- Brand Innovation – Studienschwerpunkt Design & Innovation, M.A. (Brand University of Applied Sciences Hamburg)
- Interdisziplinäre Produktentwicklung, M.Sc. (Hochschule Reutlingen)

CREATIVE TECHNOLOGIES

- Creative Technologies, M.A. (Filmuniversität Babelsberg Konrad Wolf)

SOCIAL DESIGN/PUBLIC DESIGN

- Public Art/Public Design, M.A. (Hochschule der Bildenden Künste Saar)
- Public Interest Design, M.A. (Bergische Universität Wuppertal)
- Social Design & Sustainable Innovation, M.A. (SRH Berlin University of Applied Sciences)

PÄDAGOGIK, SPIELEN UND LERNEN

- Design of Playing and Learning, M.A. (Burg Giebichenstein Kunsthochschule Halle)
- Designpädagogik, B.A. (Universität Vechta)
- Industriedesign – Studienrichtung Spiel- und Lerndesign, B.A. (Burg Giebichenstein Kunsthochschule Halle)
- Mediendesign und Designtechnik (Lehramt an Berufskollegs), B.A. (Fachhochschule Münster)
- Mediendesign und Designtechnik (Lehramt an Berufskollegs), M.Ed. (Fachhochschule Münster)

ZUKUNFT

- Design & Future Making, M.A. (Hochschule Pforzheim)
- Design Futures, M.A. (Folkwang Universität der Künste Essen)

TRANSFORMATION DESIGN

- Advanced Design, M.A. (Hochschule für Angewandte Wissenschaften München)
- Design, M.A. (Fachhochschule Potsdam)
- Transformation Design, M.A. (Hochschule für Angewandte Wissenschaften Augsburg)
- Transformation Design, M.A. (Hochschule für bildende Künste Braunschweig)

NACHHALTIGKEIT

- Nachhaltiges Design, B.A. (Hochschule Fresenius)
- Nachhaltiges Design, M.A. (Hochschule Fresenius)

MOBILITÄT

- Design und Mobilität, B.A. (Hochschule für Angewandte Wissenschaften Hof)

INTERNET DER DINGE

- Internet der Dinge, B.A. (Hochschule für Gestaltung Schwäbisch Gmünd)
- Internet of Things, M.Sc. (Westsächsische Hochschule Zwickau)

DESIGN MANAGEMENT

- Brandmanagement, B.A. (Hochschule Macromedia)
- Brandmanagement, M.A. (Hochschule Macromedia)
- Creative Business Managment, M.A. (BSP Business & Law School Berlin)
- Design Management, M.A. (mdh Mediadesign Hochschule)
- Design- und Projektmanagement, B.Sc. (Fachhochschule Südwestfalen)
- Designmanagement, B.A. (Hochschule Macromedia)
- Digital Product Management, B.A. (University of Europe for Applied Sciences)
- Fashion & Design Management, B.A. (Hochschule Fresenius)
- Fashion Management, B.A. (Hochschule Macromedia)
- Game Design & Management, B.A. (Hochschule Fresenius)
- Game-Produktion und Managment, B.A. (Hochschule für Angewandte Wissenschaften Neu-Ulm)
- Games Management, M.A. (Hochschule Macromedia)
- Innovation Design Management, M.A. (University of Europe for Applied Sciences)
- Kommunikation- und Medienmanagement, M.Sc. (Hochschule Karlsruhe)
- Media & Design Management , M.A. (Hochschule RheinMain)
- Medien- und Kommunikationsmanagement, B.A. (Hochschule Macromedia)
- Medien- und Kommunikationsmanagement, B.A. (SRH Fernhochschule)
- Mediendesign & Management, B.A. (Hochschule Fresenius)
- Mode & Designmanagement, B.A. (Hochschule Fresenius)
- Motion Design & Management, B.A. (Hochschule Fresenius)
- Nachhaltigkeitsmanagement, B.A. (Hochschule Macromedia)

DISZIPLINÜBERGREIFEND

- Design, B.A. (Fachhochschule Münster)
- Design, M.A. (Fachhochschule Münster)
- Design, M.A. (Hochschule Niederrhein)
- Gestaltung, B.A. (Hochschule für angewandte Wissenschaft und Kunst)
- Gestaltung, M.A. (Hochschule für angewandte Wissenschaft und Kunst)

Redaktionsschluss: 31. Januar 2023

ENGLISH

FÜR DEUTSCH

SIEHE SEITE 6

EDUCATION PLAYS A KEY ROLE WHEN IT COMES TO FOCUSING THE FUTURE OF DESIGN ON THE PUBLIC GOOD.

WHY THIS RESEARCH?
FOREWORD BY THE BOARD OF MANAGEMENT

As a non-profit educational foundation, the iF Design Foundation is committed to promoting the common good. We initiated the present scholarly study on the public value of design studies in 2022 in order to ensure that design continues to develop in the interest of the common good.

The term »public value« is not per se self-explanatory. At first glance, one might think it is synonymous with public welfare or the common good. The latter term and its underlying concept have been deeply rooted in the state's structuring of German society ever since the end of World War II: In principle, all public institutions, the stipulations arising from them, and their members or representatives are expected to pursue the common good. The saying »ownership obliges« contains the unspoken goal of this obligation – ownership obliges one to act in the interest of the general public.

Design is located in the space between these two poles, namely the common good and the actions of individuals. Today, it seems more pressing than ever to ensure that in design more attention is focused on the common good, and we presently witness the consequences of design being predominantly oriented toward the good of only individuals wherever we look. Taken together, such consequences can be described as the dominant themes of current crises: climate change, predatory exploitation of nature, destruction of biodiversity, the questioning of a free, constitutional democracy, and the rejection of rational science, rule-governed processes, and evidence-based decision-making. Design as a fundamental element of all processes of doing business and communicating is involved in the emergence of all these crises. At the same time, design harbors the potential to deal with the situations constructively – precisely if design focuses on the common good.

The concept of public value translates a commitment to the common good into action, since the question we must ask is: What is actually to be done if your own practice is to serve the common good? Timo Meynhardt's instrument, the Public Value Scorecard, offers a pragmatic transmission belt for this, so that talk of the common good does not fizzle out as inconsequential blather.

Today's education or training courses, for the most part academic study programs, play a decisive role when it comes to aligning the future of design to the common good. For us as an educational foundation with a focus on design education, it therefore seemed only natural to commission a research project that examines whether and how design education in Germany is oriented to the common good. The concept of public value served here as a benchmark. We associate two objectives with the project: First, we want to help to ensure all the players involved (in universities, ministries, and professional media) focus more strongly on the common good again. Second, we want to use the concept of public value to show design colleges in particular an instrument that can be used in practice to update their design curricula.

Originally, the research project was to consist of three parts. In the course of the work, however, obstacles arose that would have required too much effort to overcome. It only proved possible to complete one part – a survey of all German universities with design studies – within a reasonable time, ready for publication. Even then, it bears stating that participation was disappointingly low, although that, too, is a finding of sorts: Obviously, the topic of the common good or public value is not currently on the agenda in design studies, hence it seems all the more urgent to us that we publish the results in the hope that this will initiate fruitful development.

As an unintentional outcome of the project, a database with all design courses at German universities arose in the course of the research. To date, anyone interested in studying design has had no independent and non-commercial overview of universities and study programs. We are therefore pleased to help provide individuals with a guide and general transparency with the free online publication of the Study Program Finder (in German only): www.designstudium.org.

Hanover, February 2023

The Board of the iF Design Foundation
Christoph Böninger (Chairman), Fritz Frenkler (Deputy Chairman), Annette Diefenthaler, René Spitz

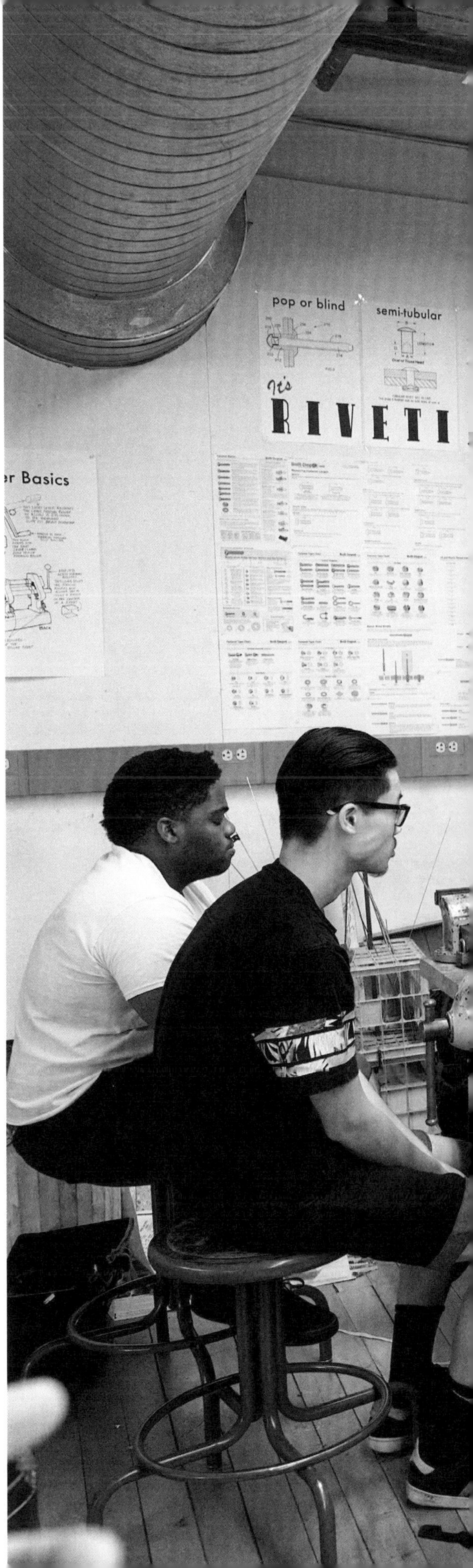
pop or blind
semi-tubular
It's
RIVETI
er Basics

solid
Jeweler's Saw Blade Size Information
METAL
SHOP

01

DESIGNING DESIGN EDUCATION

THE SHAPE OF FUTURE DESIGN CURRICULA

EDUCATION NEEDS TO REVISIT THE PUBLIC VALUE OF DESIGN.

»The struggle to shape the industrial product should not be regarded as an aesthetic hobbyhorse confined to certain circles. It is a crucial cultural and economic question. The international community has long since recognized that quality is based not only on technical perfection, but also on good form.« [1]

It was with these lines that the organization from which the iF Design Foundation evolved first went public (Fig. 001).[2] In today's words: Design is not a matter for specialists, but rather concerns the whole of society. And it is a mistake if design is reduced to beauty alone - design integrates cultural, economic, technical, and aesthetic factors.[3]

Fig. 001 »Gestaltete Industrieform in Deutschland«, 1954

Fig. 002 »Sonderschau formgerechter Industrieerzeugnisse«, 1953

In 1953, the »Special Show of Well-Formed Industrial Products« (»Sonderschau formgerechter Industrieerzeugnisse«) was presented for the first time at the German Industrial Fair in Hanover (Fig. 002), featuring goods that had previously been selected as exemplary from a design point of view. Its initiators not only referred to the German Werkbund and the Bauhaus (both organizations had to discontinue work in 1933 because of the Nazi regime); they also explicitly referenced the tradition of the Leipzig Fair. Until 1942, there had been special exhibitions there in the spring and fall, following the same procedure, whereby the jury selected items from among the entries that all exhibitors were invited to submit. The special show was in international competition, this again a reflection of the state of the

Fig. 003 Mendel and Oberer: poster, 1984

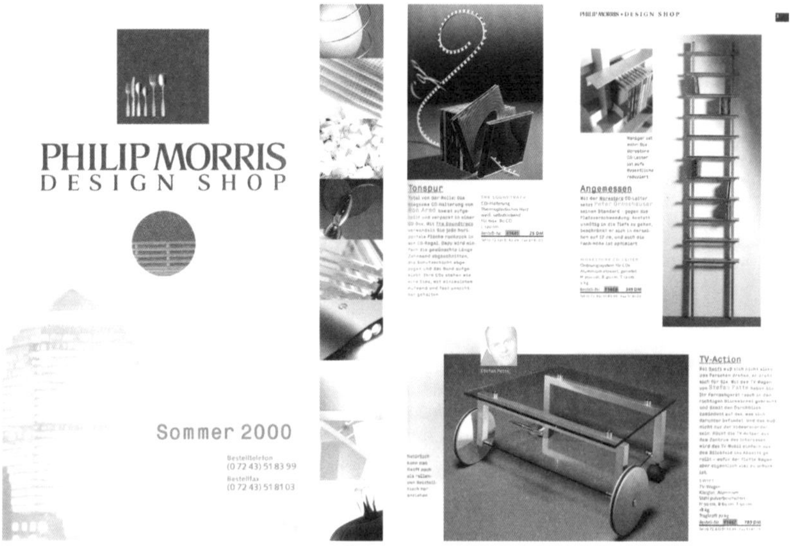

Fig. 004 Philip Morris Design Shop, 2000

industry: It pointed to comparable exhibitions in Basel, Birmingham, Brussels, Utrecht, London, Milan, and Chicago to illustrate in what direction contemporary thought was moving.

Stories of the success and rise of a phenomenon usually also contain the seeds of its later change for the worse. Design was a success story after the end of World War II, and by the 1970s, just one generation after 1945, it was no longer necessary to convey to business, politics, and the public the commercial successes that could be achieved with design. It was also understood that shrill, screamingly loud, and surprising outer surfaces attracted enormous media attention. Yet this meant the other parts of a holistic understanding of design were increasingly pushed into the background, and design fell ever more into the role of an executive assistant for the fulfillment of short-term consumer goals.[4] As postmodernism mocked the modernist paradigm of progress, design discarded goals that had been committed to social progress (Fig. 003 and Fig. 004).[5]

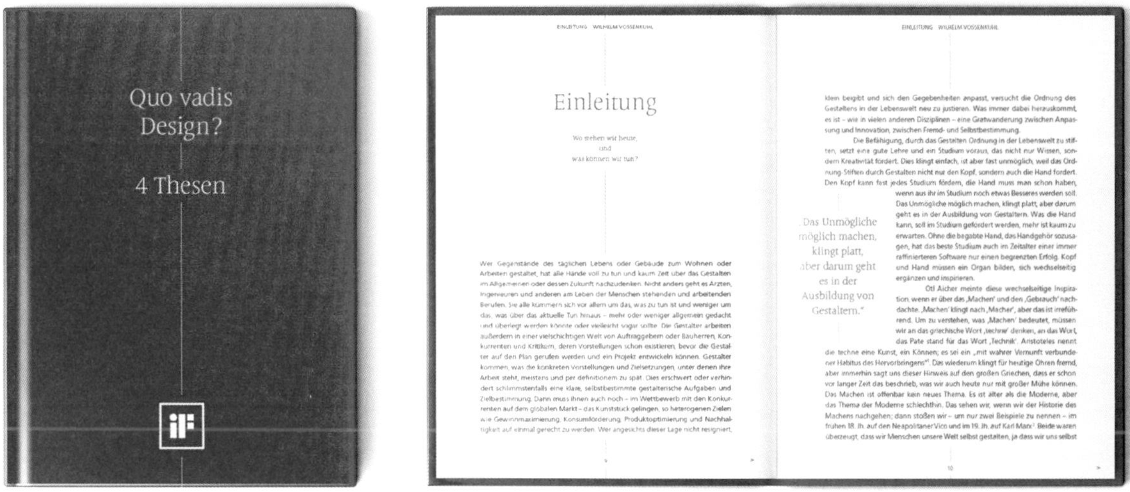

Fig. 005 »Quo vadis Design?«, 2014

The next success story – the incorporation of the computer into design practice and the interconnectedness and acceleration of digital communication – focused primarily on the promise of the new (»new territory«).[6] Political, social, and cultural issues and their complex interrelationships received little attention in design for years after the turn of the millennium; exceptions prove the rule.[7]

In September 2013, the »iF Industrie Forum Design« association held the conference »Quo vadis Design«.[8] A major reason for this exchange of ideas was the growing unease in the face of: »the long-standing and not exactly new concern [...] that design is being marginalized and playing only a cosmetic, marketing-driven role.«[9]

Instead, design should – one could say, finally once again – focus on the »whole of the human living and working space« (Fig. 005).

As a non-profit educational foundation, the IF Design Foundation is primarily dedicated to contributing to the further development of an education based on a holistic and socially responsible understanding of design.

The starting point was the question of how the future of design practice is seen and to what extent current design curricula prepare students for it. In a study conducted in 2016, interviews were conducted with 150 stakeholders from a wide range of contexts worldwide (Fig. 006–011). The results were unanimously shocking – to put it plainly: The reality of design practice has long since decoupled from study courses, which do not prepare students for it; nor is there any initiative for a radical new beginning in sight.

Instead of publishing a comprehensive volume of documentation (fearing that such a publication would be inconsequential), the iF Design Foundation decided to host four international hearings in Africa, Asia, Europe, and the USA in 2019 and 2020. Participants were sent 80 questions in advance, derived from the study's findings. In the course of the hearings, the participants formulated concepts for various ways of bringing about a fresh start in design education, adapted to the respective cultural contexts (Fig. 012–017).

More important than the differences are the similarities in the statements of the hearings: The central task of design is (again) seen in

Fig. 006–011 Study, 2016

Fig. 012–017 Hearings and Concepts, 2019–2020

bringing ecological, social, and cultural contexts into harmony with economic goals and technical conditions. The aesthetic factor continues to play a role but does not dominate design. Design must first and foremost serve the common good.[10]

The key concept of the common good as the basis of a fundamentally new design study led to an exchange with Timo Meynhardt, who had participated in the European hearing in 2019. The mutual interest focused on the questions: How great a role do such topics have in design curricula that put public value at the center of attention? And how is design education evaluated, measured against the benchmarks of public value?

From the point of view of the iF Design Foundation, the concept of public value represents a particularly suitable instrument for shaping future design education. This publication will therefore be followed by further studies in the future in order to generate transparency on an ongoing basis on the issue of the extent to which design education is committed to the common good.

1 Gestaltete Industrieform in Deutschland. Eine Auswahl formschöner Erzeugnisse auf der Deutschen Industrie-Messe Hannover 1954. Industrial Design in Germany. Esthétique industrielle en Allemagne., ed. Zentralstelle zur Förderung Deutscher Wertarbeit e. V. together with Arbeitskreis für industrielle Formgebung im Bundesverband der Deutschen Industrie. (Düsseldorf, 1954), 7

2 On December 17, 1951, the »Arbeitskreis für Industrielle Formgebung beim Bundesverband der Deutschen Industrie Köln« (Working Party on Industrial Design at the Federation of German Industries, Cologne) was formed (in 1965 it was renamed the »Gestaltkreis beim BDI e. V. Köln«). In May 1953, at the initiative of this working party, the association »Zentralstelle zur Förderung Deutscher Wertarbeit e. V.« was founded as the patron of the special show »Die gute Industrieform« at the German Industrial Fair in Hanover. Cf. Christopher Oestereich: »Gute Form« im Wiederaufbau. Zur Geschichte der Produktgestaltung in Westdeutschland nach 1945., (Berlin, 2000), 219-25. - From 1962, the exhibitions were shown in a separate hall. In 1965, the association »Die gute Industrieform Hannover e. V.« was founded. See Form, 32 (1965), 70.

3 From today's point of view, there are still explicit social, political, and economic factors to be added, which were, however, undoubtedly also implied at that time.

4 Cf. Thomas Hauffe: Die Geschichte des Designs im Überblick. Von der Industrialisierung bis heute, (Cologne, 2019).

5 Cf. Claudia Mareis: Theorien des Designs zur Einführung. 2nd edition, (Hamburg, 2014). Judith Gura: Postmodern Design Complete, (London, 2017). Gerda Breuer, Petra Eisele (eds.): Design. Texte zur Geschichte und Theorie, (Stuttgart, 2018).

6 Cf. Rob Ford: Web Design. The Evolution of the Digital World 1990–Today. Ed. by Julius Wiedemann, (Cologne, 2019).

7 Cf. the conferences of the International Forum for Design (IFG) Ulm, organized by the Ulm School of Design Foundation, e. g., on the topics »Cultural Identity and Design« (1989), »Private in the Public Sphere« (1991) or »Using Together Instead of Consuming Individually« (1992). - Following on from this, the program »Designing Politics - The Politics of Design«, 2004 to 2008. Cf. René Spitz: HfG IUP IFG. Ulm 1968-2008. ed. by Regula Stämpfli, (Ulm, 2013).

8 This conference triggered a development that resulted in the transition of the association into the »iF Design Foundation« in 2018.

9 Wilhelm Vossenkuhl, iF Industrie Forum Design (ed.): Quo vadis Design, (Hanover, 2014), 4.

10 Cf. Christoph Böninger, Fritz Frenkler, Susanne Schmidhuber (eds.): Designing Design Education. White book on the future of design education, (Stuttgart, 2021), 253-257.

NO FOOD

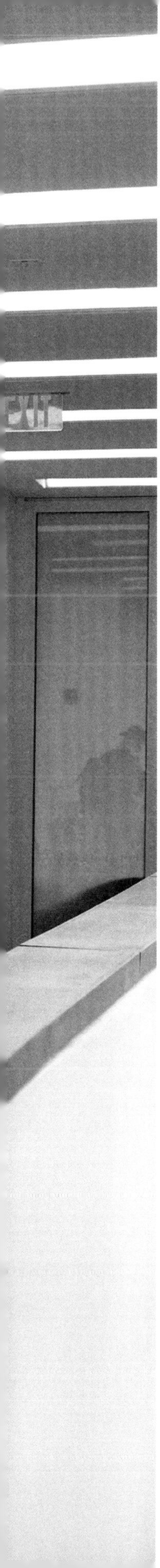

02

DESIGN AND PUBLIC VALUE

PRACTICE AND CONCEPT
FOR THE PROMOTION
OF THE COMMON GOOD

DESIGN ALWAYS LOOKS AT THE WHOLE.

THE PUBLIC VALUE OF DESIGN
NOTES ON THE CLARIFICATION OF TERMS

The phenomenon of design is an integral part of industrialized modernity. That is why design is shaped by Western industrial societies in Europe and North America, and also why design first appeared in England, the motherland of the industrial revolution.

The development of design is essentially characterized by the fact that the driving forces have always focused on the whole and have sworn design to contributing to the progress of society in every respect. At its core, design always makes a holistic claim – from this springs the regularly recognizable tendency towards visionary leapfrogging, the appeal to utopia and world improvement. At the same time, from this starting point, specific segments have always been pushed into the foreground, meaning that the holistic nature of design recedes into the background.

The untranslated German notion of »terminus technicus Gestaltung« (design as a technical term) expresses this holistic self-understanding. Gestalt theory assumes that human perception is based on the simultaneous processing of all sensory impressions. According to this theory, perception is not an addition of individual aesthetic impulses (what we see, hear, smell, taste, and feel), but their integration. In the words of a famous formula, which is usually misquoted: The whole is something other than the sum of its parts. In the 19th century, the concept of the Gesamtkunstwerk attempted to apply this approach within the framework of bourgeois culture.

In 19th-century England, designers (craftsmen, artists, architects) joined together to form the Arts and Crafts movement. They found their society to be out of joint – the chair no longer fitted the table, the room no longer fitted the house, the building no longer fitted the city – and a place where the individual loses himself because the familiar community has been replaced by modern society. Nothing fitted together anymore, they believed, while the past had been characterized by a concordant harmony. The social, cultural, and political chaos had to have been brought into the world by the machines. Industry imposed its merciless beat on the workers, a new, artificial

Fig. 018
Arts & Crafts, 1896

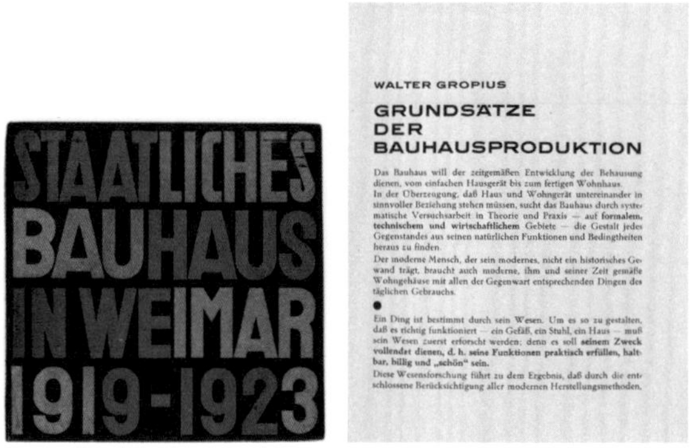

Fig. 019
Bauhaus Weimar/Dessau, 1923/1925

Fig. 020
HfG Ulm, 1958

rhythm beyond the natural working day of sunrise to sunset, subject to the change of seasons. As luddites, the players in the Arts and Crafts movement wanted to return to a romantically transfigured Middle Ages: Their design was to end the misery of the industrial working class; hence, at its core, Arts and Crafts was a social reform movement rather than an aesthetic one. In the way it is widely perceived, however, Arts and Crafts is usually reduced to wallpaper patterns and book illustrations.

Comparable things can be said about later movements that advanced design in the 20th century: the Deutscher Werkbund, the Bauhaus (especially under Hannes Meyer), the Hochschule für Gestaltung Ulm, or the Italian Radical Design. What they have in common is their holistic approach: For them, design is merely a means for progress in society. What they also have in common is the fate of being reduced in how they are perceived to a few external features. This results in a grotesque distortion: In this representation, the Bauhaus is merely red-yellow-blue, the HfG Ulm is a minimalist grid, and Radical Design is artistic, anti-functionalist revolt.

Since the Arts and Crafts movement, designers have been articulating their social ideas in their own publications. A canon of self-critical manifestos and pamphlets in and about design has long since evolved from this.

With the Italian Radical Design movement, at the latest, begins the segmentation of design as a concept: A single aspect is highlighted in order to emphasize what is special. It is no longer design, but

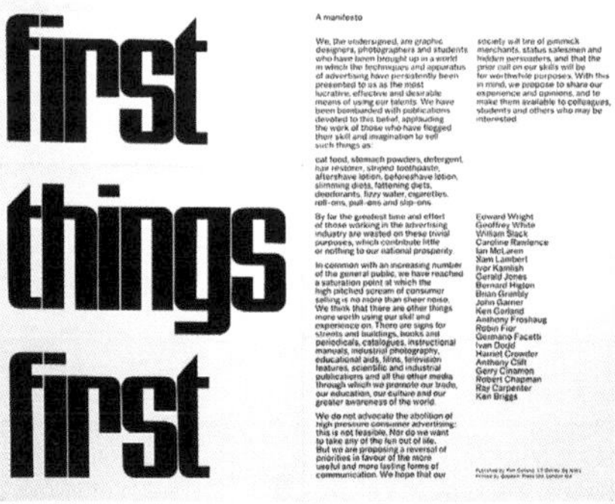

Fig. 021
First Things First Manifesto, 1964

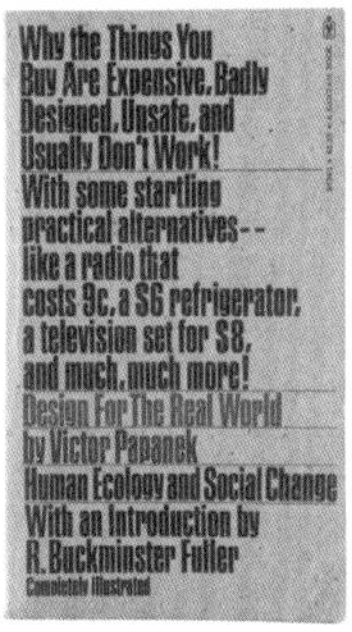

Fig. 022
Victor Papanek, 1972

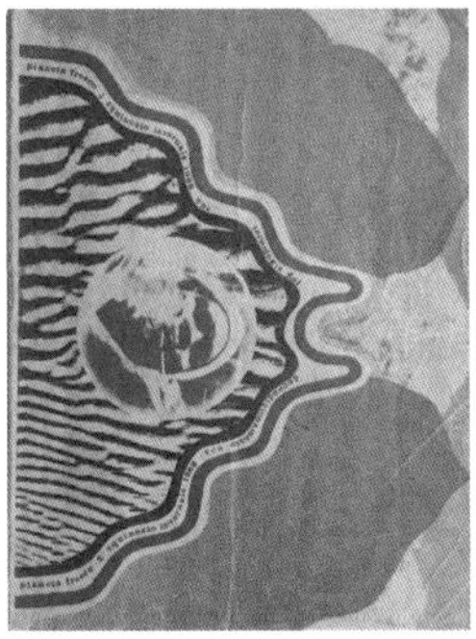

Fig. 023
Radical Design, 1968

Fig. 024
Serge Chermayeff, 1982

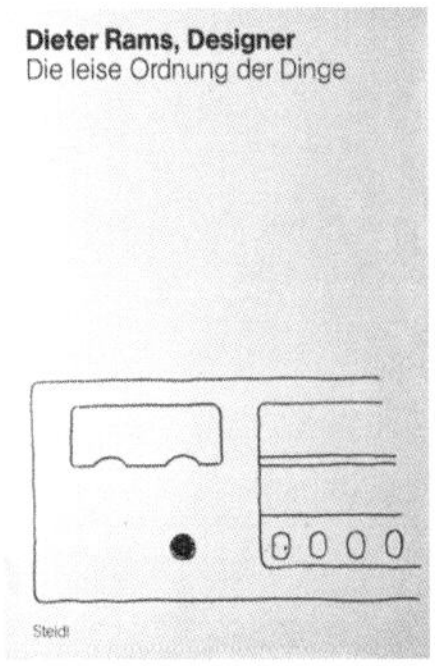

Fig. 025
Dieter Rams, 1987

Radical Design. At the same time, this suggests that everything else is exactly that – otherwise the emphasis would not be necessary. According to this, »design« is not »radical«, only »Radical Design« is radical: The segmented design is presented as an increase or intensification, which is usually accompanied by a moral evaluation[11]: Radical Design derives its legitimacy from the fact that it closes a relevant gap which is considered to be unworked by general design.

In the last decade, an immense variety of segmented notions of design have appeared worldwide that place the focus on social responsibility: Public Design, Social Design, Public Impact Design, Social Impact Design, Sustainable Design, Design for Sustainability, or Design for Social Innovation are arbitrarily chosen examples.[12] They combine the rejection of design as a compliant service for marketing to increase short-term consumption. In each case, this is replaced by a turn to long-term social contexts, which are considered under a defined focus: the public, the social aspect, or sustainability. Last but not least, design is thus understood not as a material result, but as a process.

The disadvantage of these segmented concepts is that the meanings oscillate between two poles as in a conundrum. »Social design« is intended primarily as a concept of design that places particular emphasis on the social aspect, in contrast to simply »design«. But »social design« is also »design«, so it likewise contains the notion from which it is set apart. The paradox is brought to a head in Dieter Rams' famous formula: Good design is as little design as possible. This logical contradiction is only understandable if one recognizes

Fig. 026
Global Design

Fig. 027
Design for Social Innovation

Fig. 028
Social Design

Fig. 029
Critical Design

that the concept of design per se formulates a holistic claim and that segmentation is therefore superfluous or contradictory.

According to this idea, a product that is antisocial or unsustainable is not a bad or degenerate design – it is not a design at all, merely a bad product. In reality, however, such a holistic claim is rarely exercised. This feeds the ongoing need to formulate ever new segmented concepts: »As much as design has been instrumentalized to cement the socio-political and commercial status quo and project it into the future, there has always been the desire and hope that the same practices and concepts could be reframed, reimagined, and converted to critique the present and propose alternative futures.« [13] It has long been apparent that all these terms share the fate of any fashion over the years, and the overall picture has been one of an incomprehensible multiplicity of competing terms.

This dilemma cannot be resolved. As a pragmatic alternative, it therefore seems conclusive not to model the concept of design any further. Instead, it is worth changing the angle of focus and asking as specifically as possible what contribution design – understood holistically – makes to society as a whole. The public value concept offers itself as a frame of reference for this, because it makes the commitment to the common good operationalizable even more generally than the concept of sustainability.

Fig. 030
Public Interest Design

Fig. 031
Socio-Design

Fig. 032
Social Impact Design

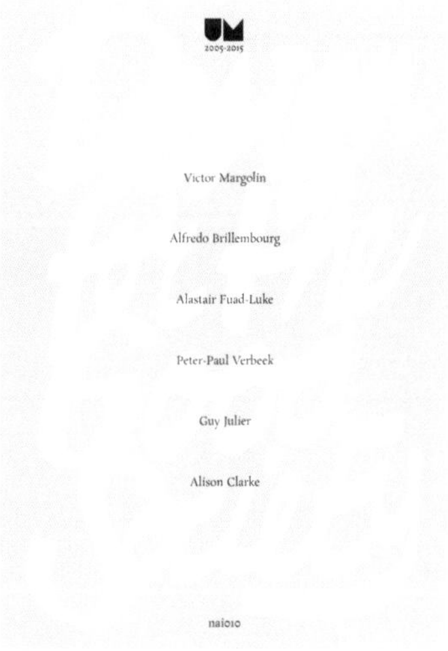

Fig. 033
Design for the Good Society

11 This does not apply to segmentations that articulate specializations: Industrial Design, Graphic Design, Visual Design, etc.

12 On a criticism of Social Design now, cf. Peter F. Stephan: Designing Concerns. Die »Revision der Moderne« (Bruno Latour) als Aufgabe des Transformation Designs, (Bielefeld, 2023).

13 Claudia Mareis, Moritz Greiner-Petter, Michael Renner: »Critical by design? An introduction.« In: Claudia Mareis, Moritz Greiner-Petter, Michael Renner (eds.): Critical by Design? Genealogies, Practices, Positions. Bielefeld 2022, 9f.

THE VALUE AN ORGANIZATION HAS FOR SOCIETY.

WHAT REALLY COUNTS: PUBLIC VALUE
ORGANIZATIONS MAKE SOCIETY[14]

Timo Meynhardt

Organizations always create a social benefit as well. However, under the perspective of shareholder value, which dominated for a long time, this is not adequately reflected either in strategy or in public perception. It proved impossible to change this even for Peter Drucker, the father of modern management, who in 1973 described contributing to society as the actual basis of legitimacy for free enterprise.[15]

The public value perspective focuses on the question: What makes an organization valuable to society? It is about an understanding of value creation in which the contribution to living together in a community is seen as part of the organizational performance. The intended or unintended influence on non-economic values of society is understood as social value creation in addition to the financial-economic contribution.

Organizations are not only a reflection of society; they »make« society and actively help to produce and reproduce it. In this way, the public value idea ties in with old debates and poses anew the question of the common good. The fact that this is relevant to practice is shown by the positive reception in everyday organizational life.

One reason for this could be the starting point chosen: The financial perspective remains significant but is embedded in moral-ethical, political-social and, last but not least, hedonistic-aesthetic perspectives. The question of value creation is thus posed more comprehensively, and above all the social context is emphasized: What is valuable is that which is considered valuable by society. The concept of public value is »value for the public«.

What is meant here, above all, are the images we all have in our heads when we speak of the public sphere or the different types of »public«. The realization that in a complex world we have no choice but to condense and generalize our experiences (»the state«, »the market«) is one thing. But it is also crucial that the individual is dependent on the social environment for their own self-development, that the »self in the mirror« of others develops – as the psychologist Wolfgang Prinz impressively reminded us.[16]

»Public« thus stands above all for the experience of community and society[17] that we have as customers or employees and which we as citizens can in no way avoid. Without doubt, organizations have a very special mediating role for the individual here. A society that defines itself through its various organizations is particularly vulnerable when individual institutions that are essential to social cohesion fail.

Public value is therefore an organization's performance, which represents a resource for individual employees, customers, or stakeholders, i. e., something from which they can derive meaning, orientation and, in the best case, identity and energy. Public value can therefore also be destroyed if organizations cause damage and risk their social support.

Public value is focused on the management of an organization's social role and recognition. The idea is associated with a complex movement of thought that is by no means complete. But one thing is already clear: The attempt to scrutinize organizations and their actions more closely again for the consequences for the perception of society does not necessarily lead in the same direction as approaches of corporate social responsibility or the sustainability movement. Why? Quite simply because public value is oriented toward societal expectations, which, depending on the political or cultural context, may be quite different from one's own.

Such relativism is not easy to cope with. In contrast to this, for example, the approach of the common good economy specifies the »right« values. In a different vein, the shared value approach of Michael Porter and Mark Kramer also makes specifications and focuses solely on joint increases in productivity and income. Fig. 034 shows that existing value-based paradigms on their own always run the risk of overstating certain positions.

The public value approach, on the other hand, does not postulate a new paradigm, but relies on the fact that the actual value creation of an organization results from an interplay of different criteria and valuation dimensions. Shareholder value is neither becoming obsolete, nor can public value be derived from customer benefits alone. Stakeholders are also increasingly asking how a business model is anchored in society, beyond their particular interests. »Public value is only created or destroyed when the individual experience and behavior of persons and groups is influenced in such a way that this has a stabilizing or destabilizing effect on assessments of social cohesion, community

	Alignment of organizations towards			
Assessment grid	**Customer Value**	**Shareholder Value**	**Stakeholder Value**	**Corporate Social Responsibility**
Legitimate focus	Focus on customer satisfaction	Value appreciation for owners	Interests of stakeholder groups	Consideration of side effects
Danger	Exaggeration of customer perspective	Dominance of financial variables	Too much integration of heterogeneous expectations	Without relevance to the core business
Consequences	Neglect of social impact	One-dimensional quantitative view	Impossibility of fulfilling expectations	Loss of credibility Alibi
Primary valuation standard	**Hedonistic-aesthetic**	**Instrumental-objective**	**Political-social**	**Ethical-moral**

Fig. 034 Comparison of established alignments of organizations

experience, and the self-determination of the individual in the social environment.«[18]

This focus on individual experience and evaluation measures the actions of organizations against the yardstick of basic human needs. Psychological theory according to Seymour Epstein[19] provides us with four dimensions that can be translated into individual value areas and reflected in the aforementioned views of companies:

1. Need for orientation and control (instrumental-utilitarian, focus on utility)
2. Need to maintain and enhance self-worth (moral-ethical, focus on the individual)
3. Need for positive relationships (political-social, focus on the group)
4. Need to avoid displeasure and gain pleasure (hedonistic-aesthetic, focus on positive experience).

The theory also teaches us that there are individual emphases and cultural characteristics. On the other hand, a hierarchy of values that can be justified in the »nature« of man is not possible.

Public value is always noticed when the experience with organizations effectively leads to changed perceptions of these needs. What these are and whether majorities can be found for them (customers, voters, supporters, etc.) is subject to change. They cannot be »pushed through«. The use of power always plays an important role in this process.

Especially for organizational development that focuses on motivation through meaningful offerings and identification with work, public value offers a motivating target image. A more recent development is also a cross-organizational measurement and ranking of the public value contribution, for example in the »GemeinwohlAtlas« (the Public Value Atlas)[20] or with the help of the Public Value Scorecard[21] (see Fig. 045).

Overall, the public value idea ties in with roots of organizational development and its normative premises. The favorable interplay of productivity and humanity, as well as the balance between internal and external orientation, are quality characteristics of healthy development in any organization.

Of course, public value first emerges in the organizational environment. In this context, organizational members are an important yardstick. Hence, for example, the doyen of organizational psychology, Lutz von Rosenstiel, pointed out 40 years ago that the legitimacy of an organization in society can only be guaranteed if a basic consensus can be established between the values »which the organization seeks to realize and the value orientations of its members.« [22]

The public value approach has - to borrow a famous phrase - a long history, but only a short past. Yet it is also a child of its time, with its particular emphasis on dialogue, plurality, and relativity. Particularly in turbulent times with many imponderables, the concept of public value can serve as a compass: In the future, guiding principles will be defined even more strongly by society, and economic offerings will have to be measured more than ever by their public value. Those who see this as an excessive demand fail to recognize how much organizations today are called upon to legitimize themselves and their actions in society. The concept of public value confronts us with the urgent question of how organizations influence what we call society and what holds a community together.

14 An older version of this text appeared in OrganisationsEntwicklung 4/2013, 4-7.

15 Peter Drucker: Management: Tasks, Responsibilities, Practices., (New York, NY, 1973), 41.

16 Wolfgang Prinz: The Self in the Mirror. The Social Construction of Subjectivity, (Berlin, 2013).

17 Ferdinand Tönnies: Community and Society. Basic concepts of pure sociology, (Darmstadt, 2005).

18 Timo Meynhardt: »Public Value – oder: Was heißt Wertschöpfung zum Gemeinwohl«. In: Der moderne Staat 2/2008, 462.

19 Seymour Epstein: »Cognitive-experiential self theory: An integrative theory of personality«. In: Irving B. Weiner, Howard A. Tennen, Jerry M. Suls (eds.): Handbook of Psychology, vol. 5: Personality and Social Psychology. 2nd edition, (New York, 2012), 93-118.

20 See also: www.gemeinwohlatlas.de (for Germany) and www.gemeinwohl.ch (for Switzerland).

21 Timo Meynhardt: »Toolbox 37: Public Value Scorecard (PVSC)«. In: OrganisationsEntwicklung 4/2013, 79-83.

22 Lutz von Rosenstiel: »Value Change and Organizational Development.« In: OrganisationsEntwicklung 2/1983, 40.

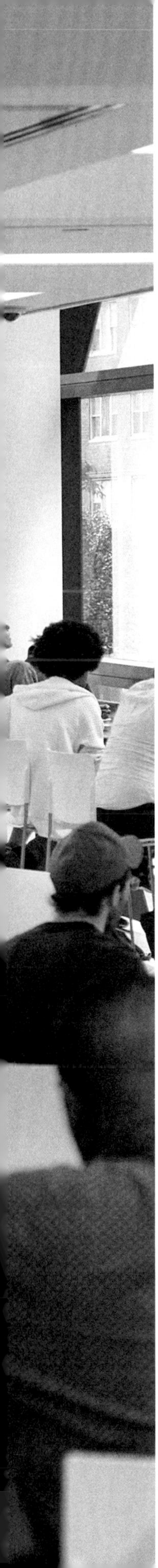

03

MUCH ROOM FOR IMPROVEMENT: ORIENTATION TOWARDS THE COMMON GOOD IN DESIGN CURRICULA IN GERMANY

RESULTS OF THE PUBLIC VALUE STUDY

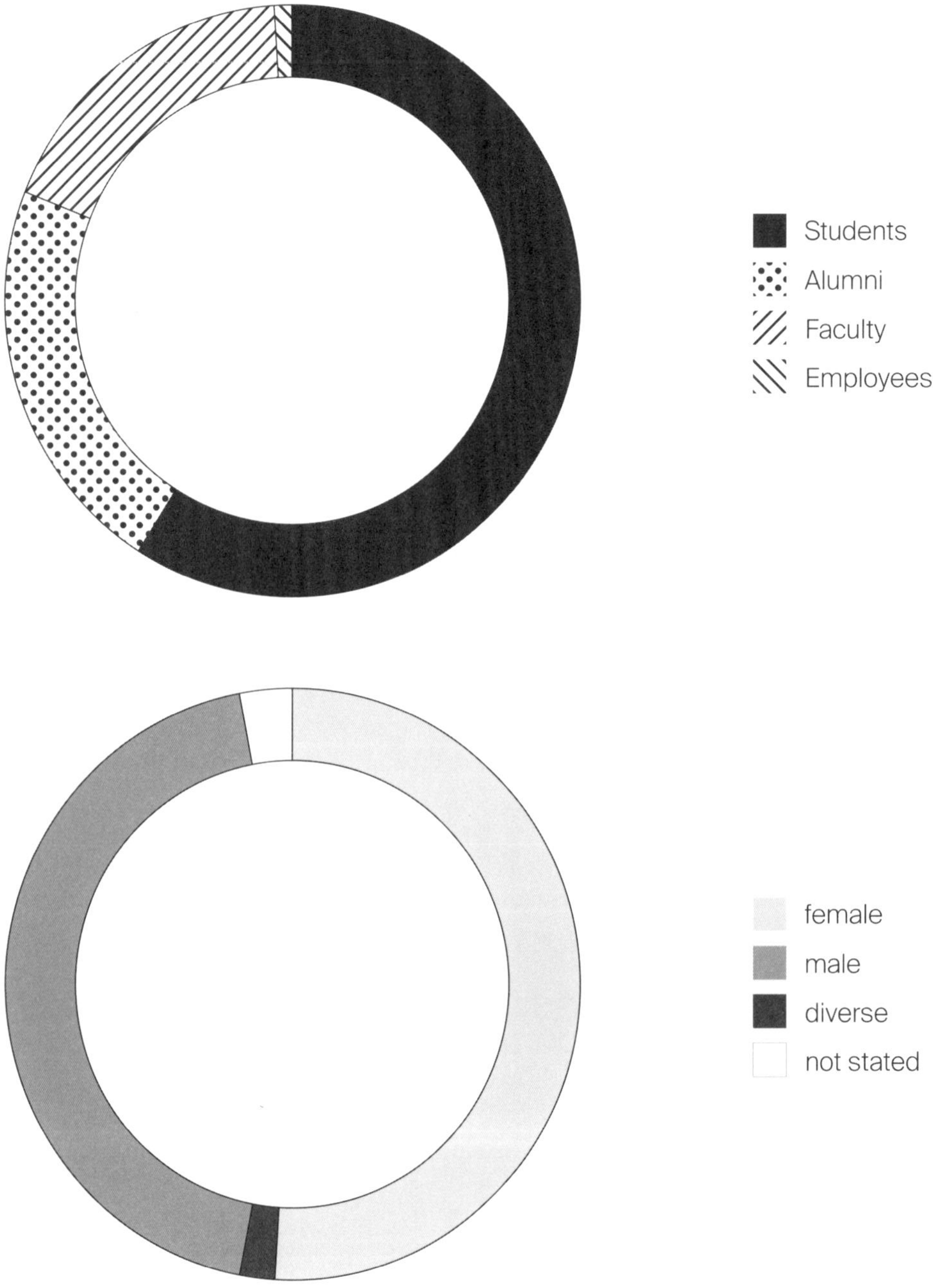

Fig. 035 Description of the sample: status and gender distribution

STUDY CONTEXT

Timo Meynhardt

How is the orientation towards the common good implemented in design curricula at German universities? What public value is attributed to it? To what extent do these questions play a role there at all and by what, at best, can this be determined?

To this end, the iF Design Foundation, in cooperation with Prof. Dr. Timo Meynhardt and Magdalena Wallkamm (MA Sociology) from the Leipzig Graduate School of Management, gained initial impressions from a nationwide survey.

A total of 438 people (students, faculty, alumni) from 70 universities altogether took part in the nationwide survey conducted in April and May 2022 at 108 design colleges. To what extent is value placed on the fact that design not only provides a functional benefit and contributes to the quality of life, but can also have an effect on the cohesion of society, and in doing so has a moral-ethical dimension as well as an economic one? Specific sub-questions were posed on these five dimensions of the common good, in which it was examined in more detail what is actually emphasized in the study. Climate neutrality? Reparability? Or something else ...

The results do not (yet) provide a complete picture, but trends can be identified as to what constitutes design studies as a whole – quite independently of the specific course or place of study. In other words, the results are an expression of an overall development and are representative of it.

A wide variety of study programs were included in the survey (cf. the comments on design study programs under the heading »Practices in Design«). Due to the small number of cases in each instance, a study program-specific evaluation is not possible.

INTERESTING RESULTS

One of the main results of the study was that 82 % of the respondents would like to see more attention paid to the social impact (public value) of design in their studies. Understandably, teachers assess the situation somewhat less dramatically.

There is a strong desire to emphasize public value more in design studies.

Fig. 036

If you ask which competencies are taught today, »social mindfulness« comes only in 10th place.

Among the competencies taught, social mindfulness only makes 10th place.

Fig. 037

It is noteworthy that for more than half of the respondents, whether or not they would recommend their course of study depends on whether or not social issues are made a subject of study in design.

53.4 % of respondents would not recommend their course to others if it did not deal with social issues.

Fig. 038

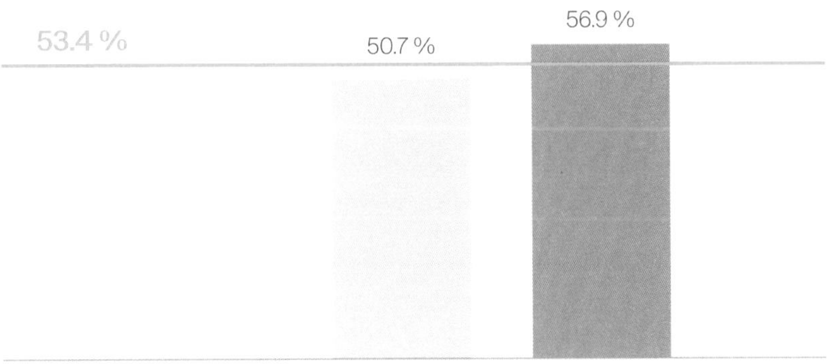

female male

For example, just under half of the respondents believe that their courses place little or no emphasis on resource aspects in design. This includes the sustainable use of resources as well as recycling and upcycling practices.

Just under half stated that their course of study placed little to no importance on resource aspects.

Fig. 039

Only 35 out of 100 respondents believe that value is placed on teaching circular economy practices in their studies,

while 69 out of 100 respondents are of the opinion that no or hardly any value is placed on the topic of climate neutrality in design studies.

55.6 % of the respondents believe that no or only little importance is attached to addressing social conflicts in their studies.

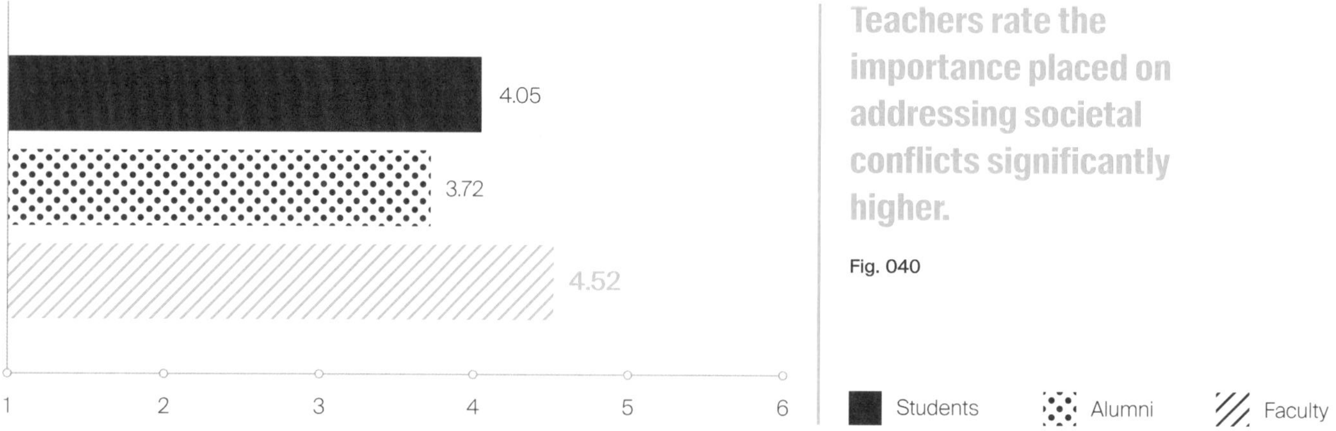

Teachers rate the importance placed on addressing societal conflicts significantly higher.

Fig. 040

There is also room for improvement when it comes to questions about the impact of design on democracy and civil society.

Only 29 out of 100 respondents believe that the role of design in strengthening and weakening democracy is addressed in their curricula.

36 % of participants believe that their course reflects on the extent to which design can strengthen or harm civil society.

Respondents tended to rate the impact of design on democracy and civil society as relatively minor.

Fig. 041

Equally interesting is the finding that 35.7 % of participants agree that an awareness of power and status issues in the context of design is created in their courses, while 26.9 % do not believe this to be the case.

An awareness of power and status in the context of design is created in the course of study.

Fig. 042

As expected, teachers, students, and alumni respond differently to the question of the extent to which design programs in Germany as a whole have a public value and contribute to the common good with their educational offerings. They obviously agree that there is a gap between aspiration and reality.

The participants rate the contribution to public value of design studies in Germany highly.

At the same time, the difference between aspiration (teachers) and reality (students and alumni) is significant.

Fig. 043

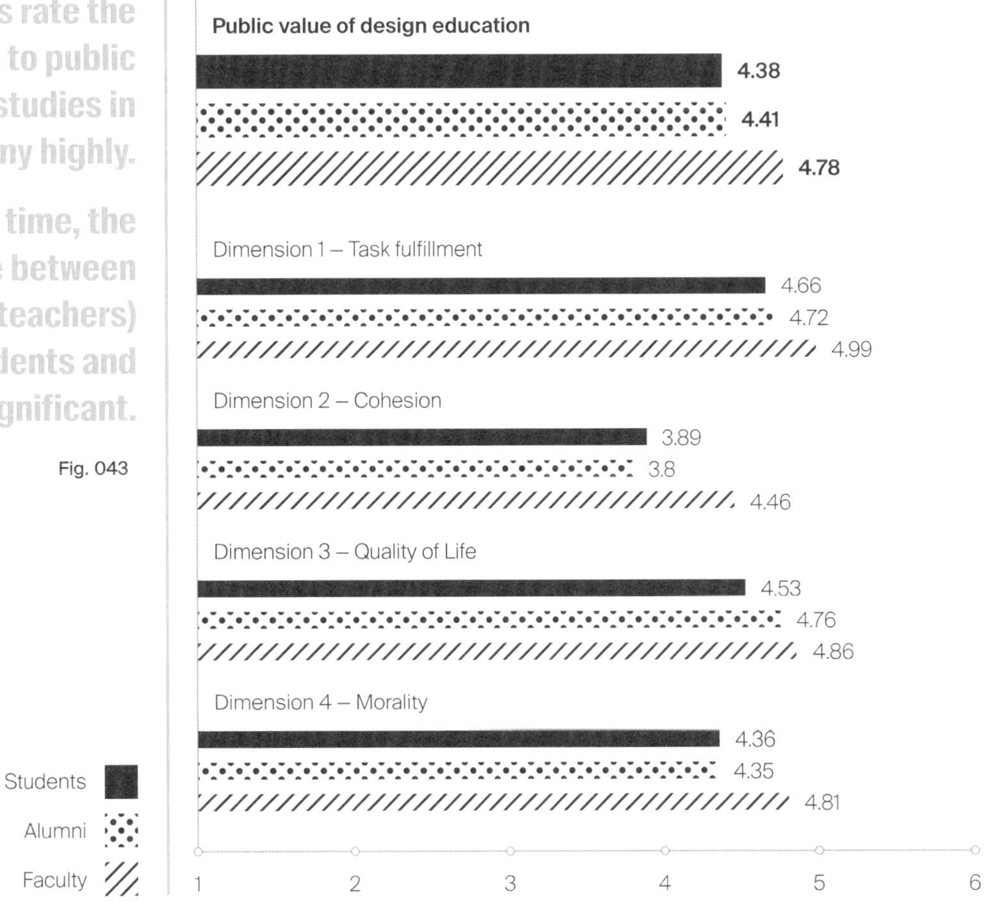

More specifically, 60.4 % of the participants (60.1 % of students, 49.5 % of alumni, and 73 % of faculty) agree that their course of study as a whole makes a sustainable contribution to the common good. It is therefore not surprising that 79.4 % of participants support strengthening the theme of public value in the degree program, while 4.4 % of the respondents reject this.

Members of the faculty rate the sustainable contribution of their course of study to public value very highly. Alumni, on the other hand, rate it significantly lower.

Fig. 044

Students

Alumni

Faculty

Finally, there is a thoughtful quote from a student, which is directly linked to a call for action to systematically anchor a focus on the common good in the curriculum:

»It depends very much on what you make of it yourself. Only the combination with one's own character makes the study contents valuable.«

Student

CONCLUSION

In view of the overarching trend of a discrepancy between the desire for more public value orientation and reality, it must be noted: There is a lot of room for improvement!

Is this statement not overstated given the diversity of design study courses within the individual programs? Does the comparatively small sample even permit such a far-reaching statement? No matter how you look at it, this snapshot signals a need for change that was not brought to the universities from the outside but was determined on the basis of an »internal« survey.

It would be irresponsible to lump all study programs together. However, it is worth taking a closer look at the topic in every instance where the question is whether and in which direction a specific study program can be updated. If the study has shown one thing, it is that an orientation towards the common good represents an opportunity for design studies.

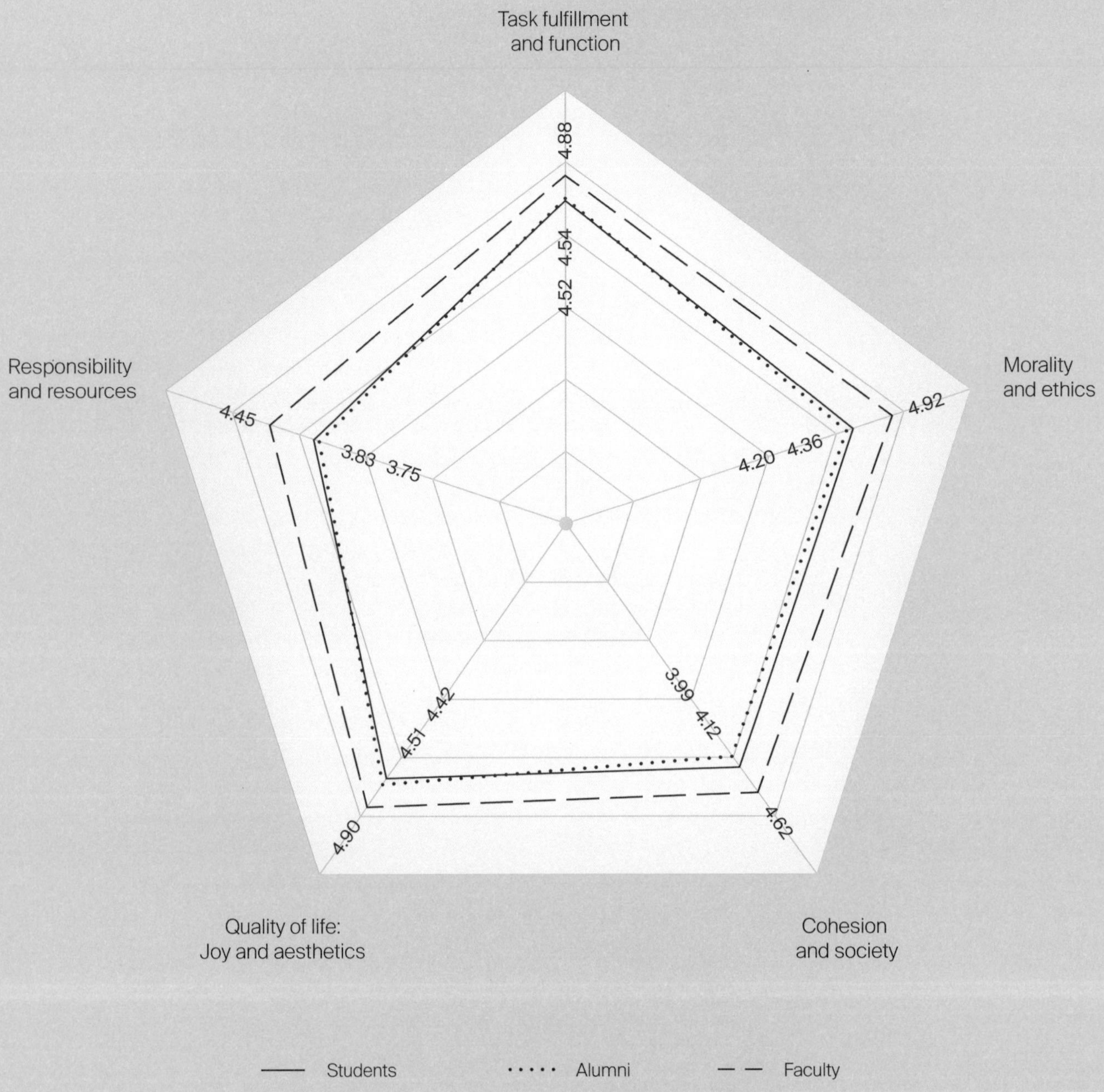

It is clear from the figure that faculty rate the public value orientation in design studies higher than students and alumni. This applies to all five dimensions of the Public Value Scorecard adapted to design studies.

In general, the higher the score, the more attention is paid to communicating these values in the course of study. In their entirety, they are an expression of the public value orientation.

Fig. 045 Public value score card for the Design courses of study in Germany

EXECUTIVE SUMMARY
KEY STATEMENTS OF THE PUBLIC VALUE STUDY

Following on from its international study on the future of design education published in 2021 (White Book »Designing Design Education«), in 2022 the iF Design Foundation, a non-profit educational foundation, posed the question, in cooperation with the Leipzig Graduate School of Management, of how the orientation towards the common good in design studies is implemented at German universities and what public value is attributed to it.

While it is obvious to refer to holistic approaches of the 20th century (from the Deutscher Werkbund to the Bauhaus, the Gute Form, and the HfG Ulm) in the study of design, design has not yet formulated a conclusive answer to the manifold social crises and comprehensive challenges of the 21st century.

The nationwide survey in April and May 2022 reached members of 2/3 of all German universities where design can be studied. 438 people (students, faculty, alumni) from 70 universities (out of a total of 108) participated. The survey included the complete, heterogeneous range of widely varying study programs (design of messages, things, and systems).

The general opinion is clear: there is a lot of room for improvement. At the same time, the overall picture yields a high rating of the public value of design studies. This is confirmed by a look at the GemeinwohlAtlas Deutschland (www.gemeinwohlatlas.de), which – despite all the methodological difficulties of a direct comparison – can be used as a benchmark.

82 % of the respondents would like to see more attention paid to the social impact (public value) of design in their studies. It can be stated that teachers assess the situation somewhat less dramatically. A noteworthy point is that for more than half of the respondents, recommending their course of study to others depends on the question of whether or not social issues in design are made the subject of the course.

Almost half of the respondents believe that their studies place little or no emphasis on resource aspects in design. This includes the sustainable use of resources as well as recycling and upcycling practices. Only 35 out of 100 respondents feel that there is value placed on teaching circular economy practices in their studies, while 69 out of 100 respondents are of the opinion that no or hardly any value is placed on the topic of climate neutrality in design studies.

55.6 % of the respondents are of the opinion that no or only little value is placed on addressing social conflicts in their studies. Disillusionment also sets in when it comes to questions about the impact of design on democracy and civil society: Only 29 out of 100 respondents believe that the role of design in strengthening or weakening democracy is addressed in their curricula.

In order to capture the public value of an organization, several dimensions are queried. If we look at these details, significant differences emerge in the present study, for example, in the students' evaluation. From their perspective, task fulfillment receives a high rating (4.66 on a scale of 1 to 6), while the dimension of cohesion is rated significantly lower by them (3.89).

This study is the first of its kind for design studies in Germany. It cannot yet claim to be representative in terms of its informative value, but some substantial trends are already emerging as a result.

NEHMER
BAUER
DATEN
HÄNDLER
ERNTEHELFER

04

DESIGN EDUCATION IN GERMANY
OVERVIEW AND ACCESS

UNIVERSITIES WITH A DESIGN STUDY PROGRAM
DISTRIBUTION ACROSS GERMANY

Aachen • Fachhochschule Aachen • **Ansbach** • Hochschule für Angewandte Wissenschaften Ansbach • **Augsburg** • Hochschule für Angewandte Wissenschaften Augsburg • **Berlin** • Technische Universität Berlin; Hochschule für Technik und Wirtschaft Berlin; Universität der Künste Berlin; Weißensee Kunsthochschule Berlin; SRH Berlin University of Applied Sciences; BSP Business & Law School Berlin; Berlin International University of Applied Sciences; CODE University of Applied Sciences; Hochschule Macromedia; Hochschule für Medien, Kommunikation und Wirtschaft HKMW; mdh Mediadesign Hochschule; University of Europe for Applied Sciences; Hochschule Fresenius; AMD Akademie Mode & Design • **Bielefeld** • Fachhochschule Bielefeld; Fachhochschule des Mittelstands (FHM) • **Brandenburg an der Havel** • Technische Hochschule Brandenburg • **Braunschweig** • Hochschule für bildende Künste Braunschweig • **Bremen** • Universität Bremen; Hochschule für Künste Bremen • **Coburg** • Hochschule für Angewandte Wissenschaften Coburg • **Cologne** • Technische Hochschule Köln; Rheinische Fachhochschule Köln; Hochschule Macromedia; Hochschule für Medien, Kommunikation und Wirtschaft HKMW; Hochschule Fresenius • **Darmstadt** • Hochschule Darmstadt • **Deggendorf** • Technische Hochschule Deggendorf • **Dessau** • Hochschule Anhalt • **Detmold** • Technische Hochschule Ostwestfalen-Lippe • **Dortmund** • Fachhochschule Dortmund • **Dresden** • Fachhochschule Dresden; Hochschule für Technik und Wirtschaft Dresden; Hochschule für bildende Künste Dresden • **Düsseldorf** • Hochschule Düsseldorf; mdh Mediadesign Hochschule; AMD Akademie Mode & Design • **Emden** • Hochschule Emden-Leer • **Essen** • Folkwang Universität der Künste; Hochschule der bildenden Künste HBK Essen • **Flensburg** • Hochschule Flensburg • **Frankfurt** • Hochschule Macromedia; Hochschule für Medien, Kommunikation und Wirtschaft HKMW • **Freiburg** • Hochschule Macromedia • **Halle** • Burg Giebichenstein Kunsthochschule Halle • **Hamburg** • Hochschule für Angewandte Wissenschaften Hamburg; Brand University of Applied Sciences Hamburg; Hochschule Macromedia; University of Europe for Applied Sciences; Hochschule Fresenius; AMD Akademie Mode & Design • **Hanover** • Hochschule Hannover • **Hildesheim** • Hochschule für angewandte Wissenschaft und Kunst, Hildesheim, Holzminden, Göttingen • **Idar-Oberstein** • Hochschule Trier • **Ingolstadt** • Technische Hochschule Ingolstadt • **Iserlohn** • Fachhochschule Südwestfalen • **Kaiserslautern** • Hochschule Kaiserslauter • **Kamp-Lintfort** • Hochschule Rhein-Waal • **Karlsruhe** • Hochschule Karlsruhe; Staatliche Hochschule für Gestaltung Karlsruhe • **Kassel** • Universität Kassel/Kunsthochschule Kassel • **Kiel** • Muthesius Hochschule Kiel

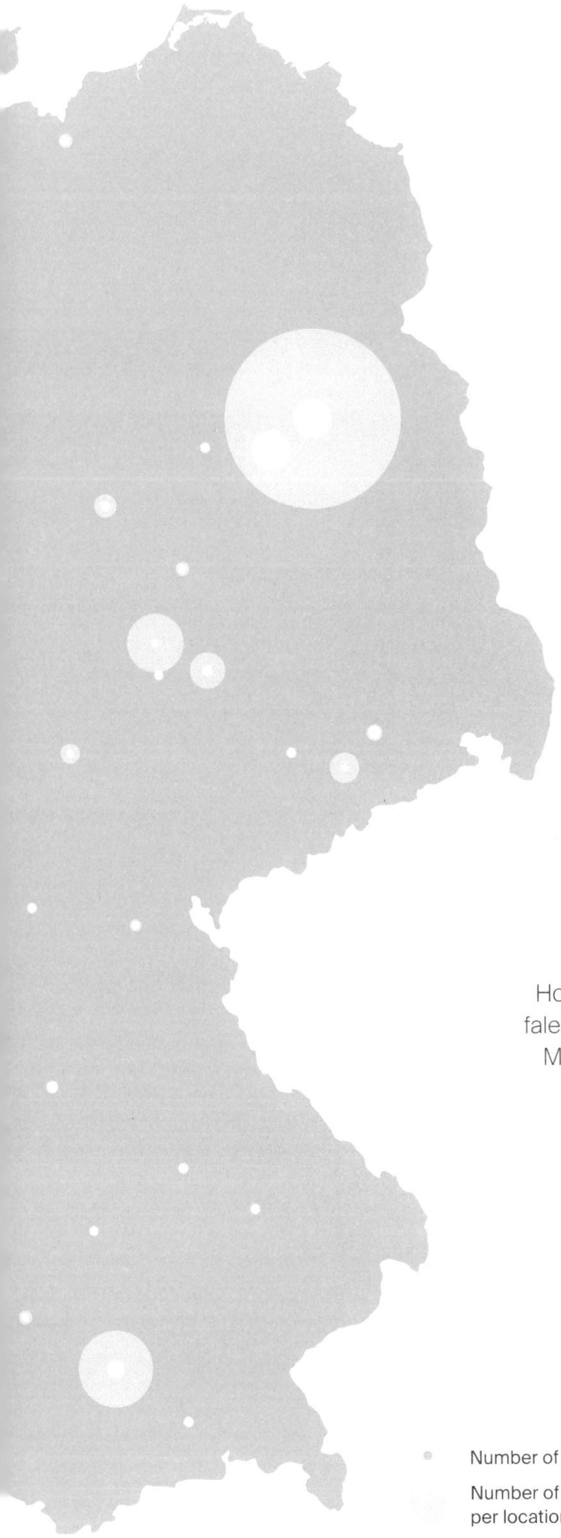

• **Konstanz** • Hochschule Konstanz HTWG • **Krefeld** • Hochschule Niederrhein • **Leipzig** • Hochschule für Grafik und Buchkunst Academy of Fine Arts Leipzig; Hochschule Macromedia • **Lippstadt** • Hochschule Hamm-Lippstadt • **Lübeck** • Technische Hochschule Lübeck • **Magdeburg** • Hochschule Magdeburg-Stendal; Otto-von-Guericke-Universität Magdeburg • **Mainz** • Hochschule Mainz • **Mannheim** • Hochschule Mannheim • **Merseburg** • Hochschule Merseburg • **Mittweida** • Hochschule Mittweida • **Münchberg** • Hochschule für Angewandte Wissenschaften Hof • **Munich** • Ludwig-Maximilians-Universität München; Hochschule für Angewandte Wissenschaften München; Hochschule Macromedia; mdh Mediadesign Hochschule; Hochschule Fresenius; AMD Akademie Mode & Design • **Münster** • Fachhochschule Münster • **Nuremberg** • Technische Hochschule Nürnberg Georg Simon Ohm; Akademie der Bildenden Künste Nürnberg • **Offenbach** • Hochschule für Gestaltung Offenbach • **Offenburg** • Hochschule für Technik, Wirtschaft und Medien Offenburg • **Osnabrück** • Hochschule Osnabrück • **Paderborn** • Universität Paderborn • **Pforzheim** • Hochschule Pforzheim • **Potsdam** • Fachhochschule Potsdam; Filmuniversität Babelsberg Konrad Wolf; University of Europe for Applied Sciences • **Ravensburg** • Duale Hochschule Baden-Württemberg • **Regensburg** • Ostbayerische Technische Hochschule Regensburg • **Reutlingen** • Hochschule Reutlingen • **Rosenheim** • Technische Hochschule Rosenheim • **Saarbrücken** • Hochschule der Bildenden Künste Saar • **Salzgitter** • Ostfalia Hochschule für angewandte Wissenschaften • **Schneeberg** • Westsächsische Hochschule Zwickau • **Schwäbisch Gmünd** • Hochschule für Gestaltung Schwäbisch Gmünd • **Soest** • Fachhochschule Südwestfalen • **Stuttgart** • Hochschule der Medien Stuttgart; Hochschule für Technik Stuttgart; Merz Akademie – Hochschule für Gestaltung, Kunst und Medien Stuttgart; Staatliche Akademie der Bildenden Künste Stuttgart; Hochschule für Kommunikation und Gestaltung Stuttgart/Ulm; Media Akademie Hochschule Stuttgart; Hochschule Macromedia • **Trier** • Hochschule Trier • **Ulm** • Technische Hochschule Ulm; Hochschule für Kommunikation und Gestaltung Stuttgart/Ulm; Hochschule für Angewandte Wissenschaften Neu-Ulm • **Vechta** • Universität Vechta • **Weimar** • Bauhaus Universität Weimar • **Wernigerode** • Hochschule Harz • **Wiesbaden** • Hochschule RheinMain; Hochschule Fresenius; AMD Akademie Mode & Design • **Wismar** • Hochschule Wismar • Wuppertal • Bergische Universität Wuppertal • **Würzburg** • Hochschule für angewandte Wissenschaften Würzburg-Schweinfurt • **Germany-wide/remote** • IU Internationale Hochschule; SRH Fernhochschule; Diploma Hochschule •

Number of universities per location

Number of Design courses of study per location

Fig. 046 Universities in Germany with Design study programs

DESIGN STUDY PROGRAM FINDER
SEARCH ENGINE FOR ALL DESIGN STUDY PROGRAMS IN GERMANY

If you want to study design in Germany: Where is the subject offered? What courses of study are there? What is the program like and what content is taught? Are they lectures, practical exercises, or seminars? How long does the course take and what are the costs? What are the differences between similar courses of study, and what are the differences between universities?

These and many other questions arise as soon as young people become interested in studying design.

Until now, there has been no overview of all design study programs in Germany. Through the data collection for the Public Value Study published here, a collection of extensive information took shape.

This database is to be published on the website of the iF Design Foundation (in German only). It can also be accessed directly at www.designstudium.org

Interested parties can search here for universities, locations, study programs, and different design disciplines. The results are not weighted. The listed links lead directly to the universities or to the study programs.

The goal is to simplify accessibility to design education in Germany and to make information publicly available in the spirit of transparency.

↳ www.designstudium.org

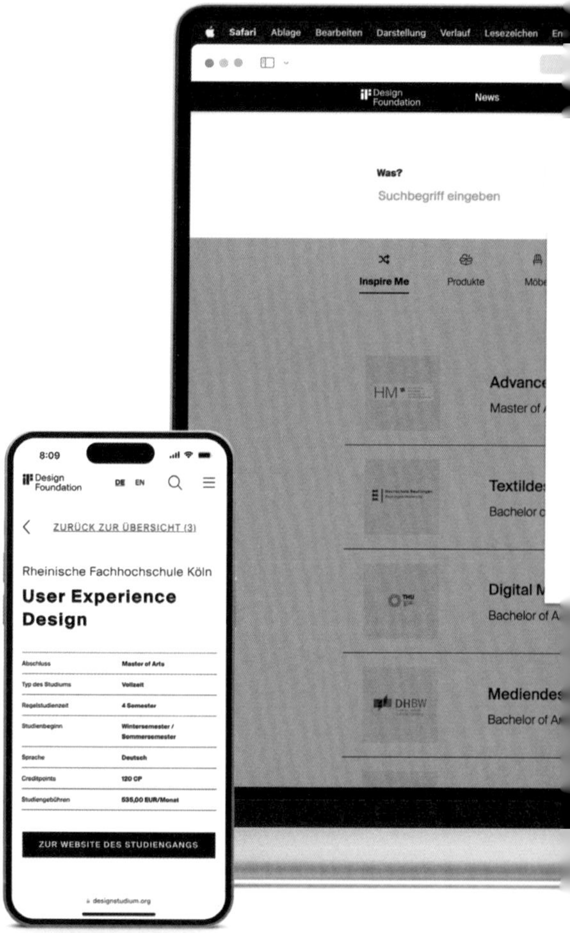

Despite careful research, this database may be incomplete. We are continuously updating the design study program finder and welcome any suggestions for additions and corrections to: redaktion@if-designfoundation.org

Fig. 047 Screenshot of Design Study Program Finder, 2023

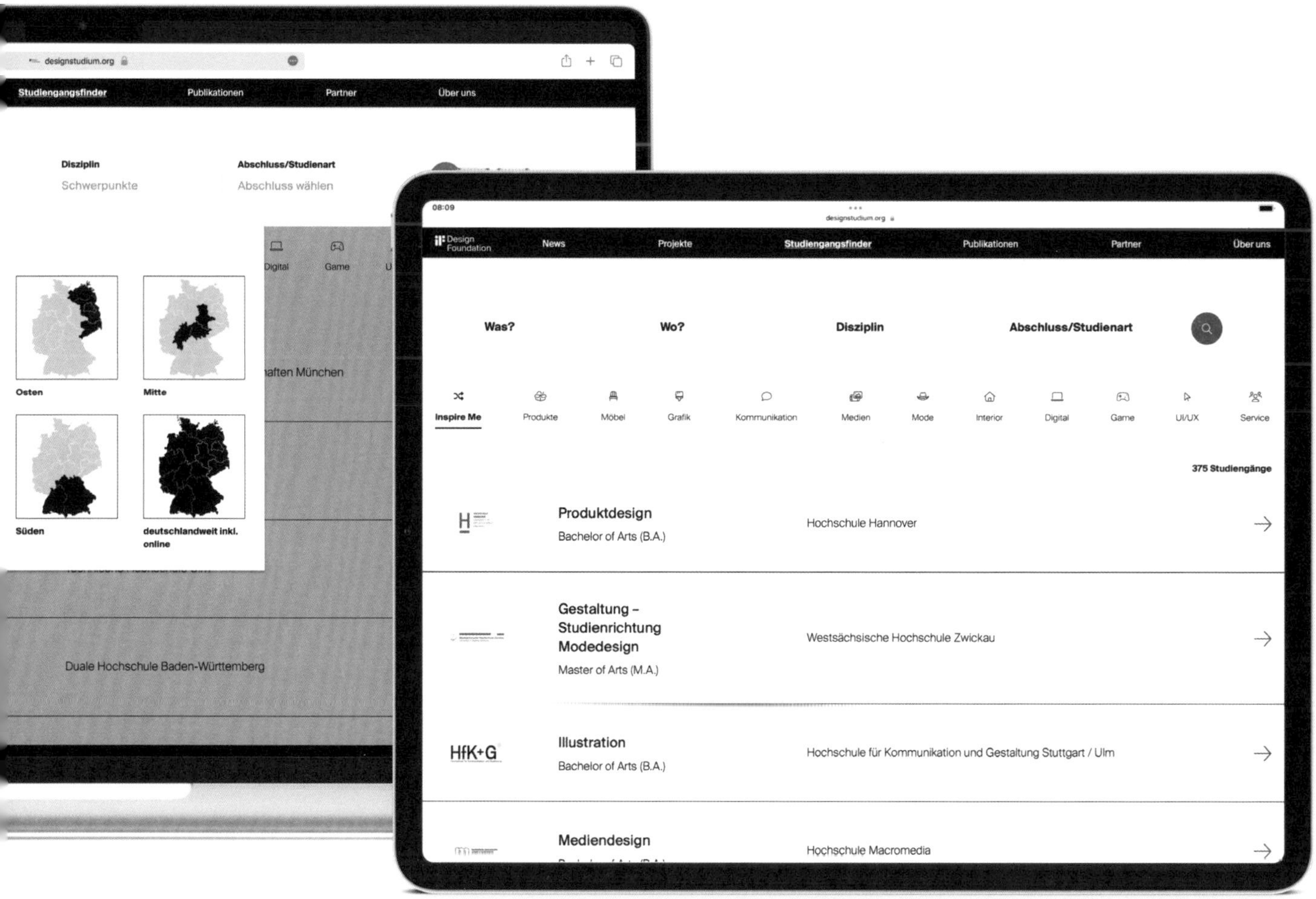
designstudium.org
Studiengangsfinder
Publikationen
Partner
Über uns
Disziplin
Schwerpunkte
Abschluss/Studienart
Abschluss wählen
Digital
Game
Osten
Mitte
Süden
deutschlandweit inkl. online
Duale Hochschule Baden-Württemberg
08:09
Design Foundation
News
Projekte
Studiengangsfinder
Publikationen
Partner
Über uns
Was?
Wo?
Disziplin
Abschluss/Studienart
Inspire Me
Produkte
Möbel
Grafik
Kommunikation
Medien
Mode
Interior
Digital
Game
UI/UX
Service
375 Studiengänge
Produktdesign
Bachelor of Arts (B.A.)
Hochschule Hannover
Gestaltung – Studienrichtung Modedesign
Master of Arts (M.A.)
Westsächsische Hochschule Zwickau
HfK+G
Illustration
Bachelor of Arts (B.A.)
Hochschule für Kommunikation und Gestaltung Stuttgart / Ulm
Mediendesign
Hochschule Macromedia

PRACTICES IN DESIGN
DESIGN STUDY PROGRAMS AT GERMAN UNIVERSITIES AT A GLANCE

At the time of going to press, the database of the Study Program Finder contained 375 design study programs at 101 universities in Germany. How can they be divided into meaningful groups?

While working on the publication of the Study Program Finder, Eva Müller and Steven Stannard developed a compact illustration of all design study programs. Their starting point is professional design practice: What does each design degree program aim to achieve?

At the core of the practice, three fields can be named: the design of messages (e.g., communication design), the design of things (e.g., product design), and the design of meaningful contexts, i.e., overarching systems.

These three fields fan out into groups: Things can be industrial products or furniture, but also fashion. Messages can be illustrations or photos. Systems can mean user experience or strategies, for example.

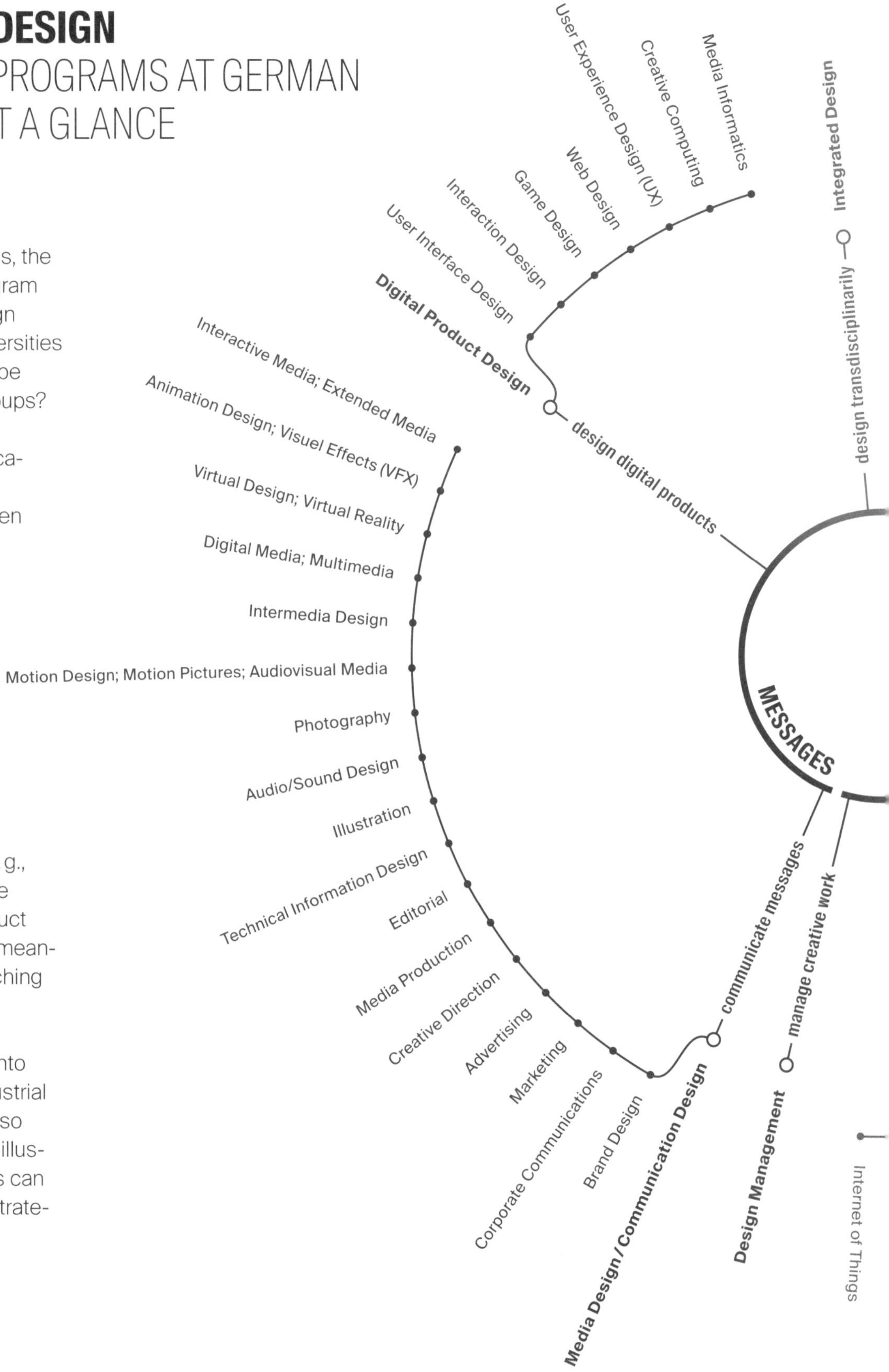

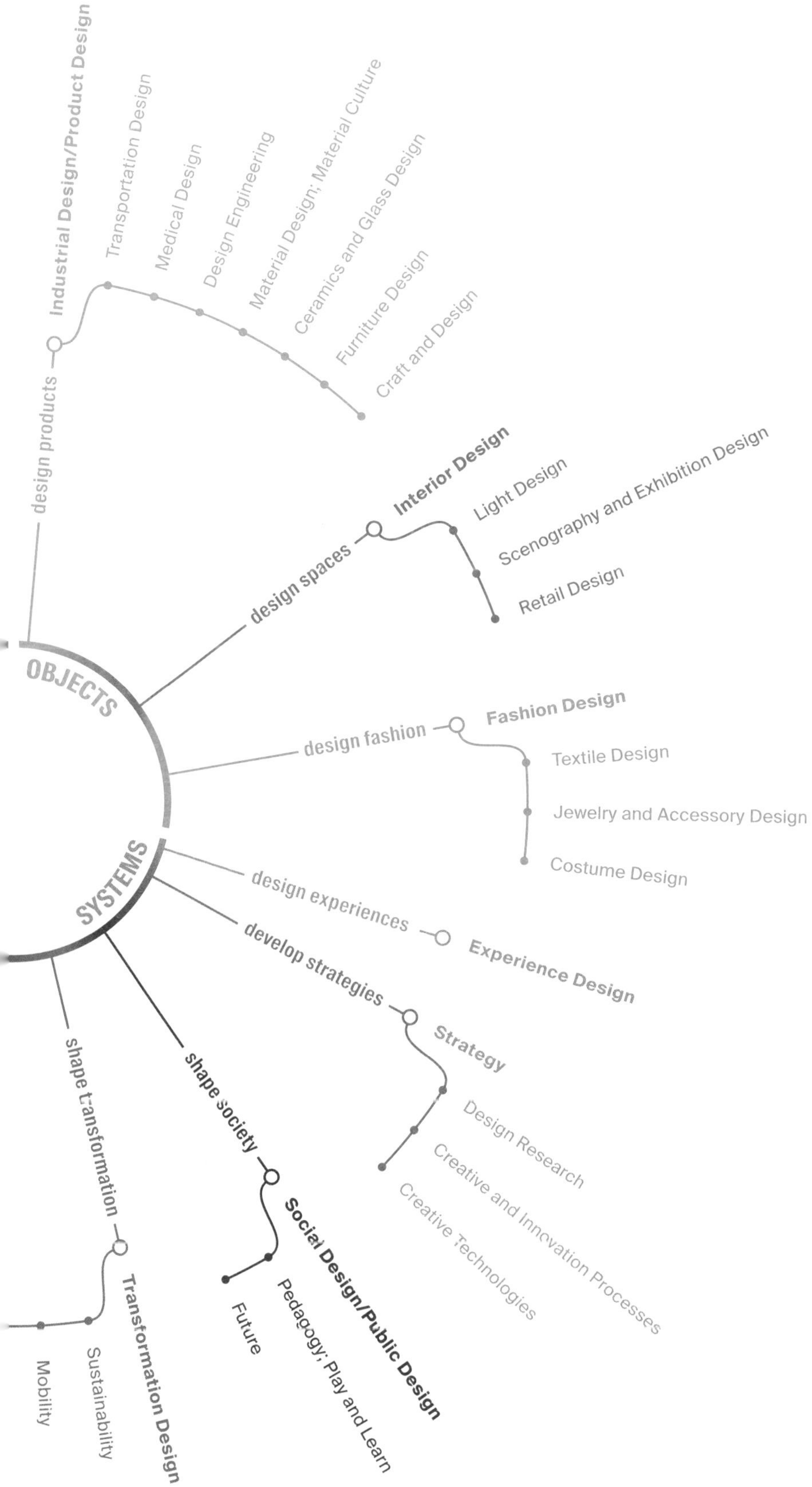

The groups are then assigned the concrete, often specialized courses of study. They are located on the outer circle in the representation.

It goes without saying that even this model cannot depict reality in a way that is entirely distinct and contradiction-free. Nevertheless, we believe that this visualization is an additional help for all prospective students, making it easier for them to find their way through the broad spectrum of design practices to pinpoint precisely the course of study that fits their own career ideas even better.

Fig. 048 Practices in Design

CLOUD
HAUS
STRASSE
STADT
DORF

BILDNACHWEISE
PICTURE CREDITS

S. // P. 9/10/11/71/72/73
Foto // Photo & Copyright: René Spitz

Abb. // Fig. 002
Foto // Photo: unbekannt // unknown

Abb. // Fig. 006 – 011, 016
Foto // Photo & Copyright: René Spitz

Abb. // Fig. 012, 014, 017
Foto // Photo & Copyright: Tomomi Takano

Abb. // Fig. 013
Foto // Photo & Copyright: Helke Brandt

Abb. // Fig. 015
Foto // Photo & Copyright: Gisela Schenker

S. // P. 19/20/21/81/82/83
Foto // Photo & Copyright: René Spitz

S. // P. 34/35/96/97
Foto // Photo & Copyright: René Spitz

S. // P. 46/47/108/109
Foto // Photo & Copyright: Eva Müller

S. // P. 116 links und mitte // left and center
Foto // Photo & Copyright: René Spitz

S. // P. 116 rechts // right
Foto // Photo & Copyright: Mario Weisser

S. // P. 117 links und mitte // left and center
Foto // Photo & Copyright: René Spitz

S. // P. 117 rechts // right
Foto // Photo & Copyright: Eva Müller

BETEILIGTE
CONTRIBUTORS

Marc Antons
Mediendesignstudent an der RFH Köln; studentischer Mitarbeiter der iF Design Foundation.
Media Design student at the RFH in Cologne; student intern at the iF Design Foundation.

Christoph Böninger
Designer, Designmanager und Geschäftsführer; Vorsitzender des Vorstands der iF Design Foundation.
Designer, design manager and managing director; Chairman of the Board of the iF Design Foundation.

Annette Diefenthaler
Designerin; Professorin an der Technischen Universität München; Mitglied des Vorstands der iF Design Foundation.
Designer; Professor at the Technical University of Munich; Member of the Board of the iF Design Foundation.

Fritz Frenkler
Industrial Designer und Emeritus of Excellence der Technischen Universität München (TUM); stellvertretender Vorsitzender des Vorstands der iF Design Foundation.
Industrial designer and Emeritus of Excellence of the Technical University of Munich; Vice Chairman of the Board of the iF Design Foundation.

Timo Meynhardt
Psychologe und Betriebswirt, Inhaber des Dr. Arend Oetker-Lehrstuhls für Wirtschaftspsychologie und Führung an der Handelshochschule Leipzig (HHL).
Psychologist and business economist, holder of the Dr. Arend Oetker-Chair of Business Psychology and Leadership at the at the Leipzig Graduate School of Management (HHL).

Eva Müller
Designerin; wissenschaftliche Mitarbeiterin der iF Design Foundation.
Designer; Research Associate at the iF Design Foundation.

René Spitz
Professor an der Rheinischen Fachhochschule Köln (RFH); Mitglied des Vorstands der iF Design Foundation.
Professor at the RFH Rheinische Fachhochschule in Cologne; Member of the Board of the iF Design Foundation.

Steven Stannard
Designer und Ingenieur; wissenschaftlicher Mitarbeiter der iF Design Foundation.
Designer and engineer, Research Associate at the iF Design Foundation.

Christina Stockmann-Zipfel
Koordinatorin am Dr. Arend Oetker-Lehrstuhl für Wirtschaftspsychologie und Führung an der Handelshochschule Leipzig (HHL).
Coordinator at the Dr. Arend Oetker-Chair of Business Psychology and Leadership at the at the Leipzig Graduate School of Management (HHL).

Magdalena Wallkamm
Soziologin; Doktorandin am Dr. Arend Oetker-Lehrstuhl für Wirtschaftspsychologie und Führung an der Handelshochschule Leipzig (HHL).
Sociologist, doctoral student at the Dr. Arend Oetker-Chair of Business Psychology and Leadership at the at the Leipzig Graduate School of Management (HHL).

IMPRESSUM
IMPRINT

Herausgeber // Editors
Christoph Böninger, Annette Diefenthaler, Fritz Frenkler und // and René Spitz / iF Design Foundation, Hannover // Hanover

Text // Text
Timo Meynhardt, Leipzig
(Kap. 2, 2. Teil und Kapitel 3 // Chap. 2 P. 2 and Chapter 3)

René Spitz, Köln // Cologne
(alle übrigen Texte // all other texts)

Wissenschaftliche Mitarbeit // Research Associates
Eva Müller, Bremen
Steven Stannard, Stuttgart

Public-Value-Studie // Public Value Study
Timo Meynhardt, Magdalena Wallkamm, Christina Stockmann-Zipfel, Handelshochschule Leipzig (HHL) // HHL Leipzig Graduate School of Management

Studiengangsfinder // Design Study Program Finder
Eva Müller, Steven Stannard

Lektorat // Copy editors
Nazire Ergün, Köln // Cologne
(dt. // ger.)
Jeremy Gaines, Frankfurt am Main (engl.)

Gestalterisches Konzept // Design Concept
Steven Stannard, Stuttgart

Umsetzung und Satz // Implementation and Type
Marc Antons, Köln // Cologne
Eva Müller, Bremen
Steven Stannard, Stuttgart

Papier // Paper
150 g/m² Munken Polar

Druck // Printing
Offizin Scheufele Druck und Medien GmbH & Co. KG

klimaneutral gedruckt
www.klima-druck.de
ID-Nr. 23131465
bvdm.

Verlag und Vertrieb // Publishing and Distribution
av edition GmbH
Senefelderstraße 109
70176 Stuttgart
www.avedition.de

ISBN 978-3-89986-392-5
Printed in Germany

Bibliografische Informationen der Deutschen Nationalbibliothek
Die Deutsche Nationalbibliothek verzeichnet diese Publikation in der Deutschen Nationalbibliografie; detaillierte bibliografische Daten sind im Internet über http://dnb.de abrufbar.

Bibliographic Information published by the German National Library
The German National Library lists this publication in the German National Bibliography; detailed bibliographical data are available on the internet at http://dnb.de